U0129728

—— 作者 ——

罗伯特·J. C. 扬

纽约大学朱利叶斯·西尔弗英文和比较文学讲座教授。主要著作包括《殖民的欲望：文化、理论和种族的混杂》（1995）、《后殖民主义：历史的导引》（2001）等。

A VERY SHORT
INTRODUCTION

POSTCOLONIALISM
后殖民主义与世界格局

〔英国〕罗伯特·J.C.扬 著

容新芳 译

译林出版社

图书在版编目（CIP）数据

后殖民主义与世界格局 ／（英）罗伯特·J. C. 扬（Robert J. C. Young）著；
容新芳译. 一南京：译林出版社，2024.1
（译林通识课）
书名原文：Postcolonialism: A Very Short Introduction
ISBN 978-7-5447-9969-0

Ⅰ.①后… Ⅱ.①罗…②容… Ⅲ.①殖民主义－研
究 Ⅳ.①B089

中国国家版本馆 CIP 数据核字（2023）第 218549 号

著作权合同登记号　图字：10-2023-426 号

后殖民主义与世界格局 ［英国］罗伯特·J.C.扬／著　容新芳／译

责任编辑　许　丹
装帧设计　孙逸桐
校　对　王　敏
责任印制　董　虎

原文出版　Oxford University Press, 2003
出版发行　译林出版社
地　址　南京市湖南路 1 号 A 楼
邮　箱　yilin@yilin.com
网　址　www.yilin.com
市场热线　025-86633278
排　版　南京展望文化发展有限公司
印　刷　徐州绪权印刷有限公司
开　本　850 毫米×1168 毫米　1/32
印　张　6.5
插　页　4
版　次　2024 年 1 月第 1 版
印　次　2024 年 1 月第 1 次印刷
书　号　ISBN 978-7-5447-9969-0
定　价　59.00 元

序 言

王 宁

　　本书原名为《后殖民主义：十分简单的介绍》（*Postcolonialism: A Very Short Introduction*），2003年由牛津大学出版社出版，主要面对具有一般人文知识的读者。但是和收入这套系列丛书的不少短小精悍的著作一样，本书作者罗伯特·J. C. 扬（Robert J. C. Young, 1950— ）却是当今国际后殖民主义研究的一位大家。他自幼在英国受教育，早年毕业于牛津大学爱克斯特学院，曾在南汉普顿大学任教，后被母校牛津大学聘为英文和批评理论教授，同时兼任沃德姆学院研究员。2005年，他应聘到美国纽约大学任教，担任朱利叶斯·西尔弗英文和比较文学讲座教授。他的主要著作包括：《白色的神话：书写历史和西方》（*White Mythologies: Writing History and the West*, 1990），《殖民的欲望：文化、理论和种族的混杂》（*Colonial Desire: Hybridity in Culture, Theory and Race*, 1995）和《后殖民主义：历史的导引》（*Postcolonialism: An Historical Introduction*, 2001），本书的写作就是沿着最后这部鸿篇巨制的思路进一步普及和阐发的结果。他最近出版的著作是《英国族裔的概念》（*The Idea of English Ethnicity*, 2008）。

本书的写法和大多数高深的理论学术专著的写法大不相同，具有浅显和通俗易懂的特色。众所周知，在西方后现代主义之后的主要文化理论思潮中，后殖民主义是时间持续较长、涉及学科范围广泛且内涵十分复杂的一种全球性的理论思潮，因此要对它作介绍自然也很难。我们今天所说的后殖民主义实际上包括了这样两个概念：后殖民理论思潮和后殖民地文化。对于前者本书并没有太多的涉及，而对于后者作者则描述了很多。它主要指处于后殖民状况的（原先的）殖民地反抗殖民主义文化的历史，它与前殖民地有着千丝万缕的联系，但在摆脱了殖民主义统治后仍带有（新）殖民主义的残余，同时又明显地带有对宗主国的殖民文化的抵制和抗争色彩。作者避开了那些晦涩难懂的理论术语，改用一种讲故事的散文笔法讲述了一部非西方的第三世界后殖民历史，涉及的人物有甘地、格瓦拉、法农以及毛泽东等；从有关属下阶层的知识到来自下层和上层的历史与权利，从非洲的空间和土地到种族和文化的混杂，从后殖民女权主义到从后殖民视角来解读全球化，最后还专有一章阐述了霍米·巴巴的文化翻译（或转化）理论的含义。要在这样短的篇幅中对一系列后殖民主义理论思潮的概念作出详细的介绍，显然是不可能的，而且对于非专业读者来说也是没有必要的。但是考虑到本书有可能会吸引一些文化理论专业的学者和学生，因此我觉得有必要在这篇短序中对后殖民主义理论思潮及这一思潮在理论上的创始者和主要代表人物作一简略的介绍。

　　后殖民主义理论思潮曾在20世纪80年代后期至90年代初

取代后现代主义理论思潮，一度雄踞西方文化理论界，它的主要理论基石是福柯和德里达的后结构主义的解构和"非中心化"思维模式，曾在文化研究崛起时有所式微，但进入全球化时代以来，由于萨义德和斯皮瓦克的著述被重新认识以及霍米·巴巴的异军突起，后殖民理论和批评又得到了新的发展。早先的一些相关理论课题，如种族、族裔、历史、权力、殖民、霸权、边缘、中心、帝国等，被从事全球化研究的学者发掘出新的价值进而得到进一步的深化。可以说，后殖民主义理论思潮的再度兴起与全球化/本土化、民族/文化身份以及流散写作/批评等问题的讨论密切相关。

在三位主要的后殖民理论家中，萨义德（Edward Said, 1935—2003）的知名度最高，这与他的多产和在美国学术界的较早崛起不无关系。他生前任美国哥伦比亚大学校级教授，并被选为美国艺术与科学院院士。如果说，斯皮瓦克的后殖民主义理论带有明显的女权主义和解构色彩，霍米·巴巴的理论具有较强的"第三世界"文化批判和"少数族群"研究之特色的话，那么萨义德早期的理论则有着强烈的意识形态和政治批判色彩，其批判的锋芒直指西方的文化霸权主义和强权政治，其批判的理论基石就是"东方主义"。出版于20世纪70年代后期的专著《东方主义》（*Orientalism*, 1978）为我们的跨学科文化学术研究开辟了一个崭新的理论视野，即将研究的触角直接指向历来被西方主流学术界所忽视并且故意边缘化了的一个领地：东方或第三世界，它在地理环境上与西方世界分别处于地球的两个部分，但这个"东方"并非仅仅指涉其地理位置，同时它本身还有着深刻的政治和文化内涵。他于1993年出版的鸿篇巨制《文化和帝国主义》(*Culture and Imperialism*)全面审视了西方文化,从18世纪的作家简·奥斯汀一直论到当今仍有争议的萨尔曼·拉什迪,从现代主义诗人叶芝一直论到具有后现代特征的海湾战争中新闻媒体的作用,其间还透过后殖民主义的理论视角分析了显然具有后殖民性的英国作家吉卜林和康拉德的小说,以一个比较文学学者的身份对这一学科的局限进行反拨,直到在一个更为广阔的世界背景下全面描述帝国主义的文化侵略和殖民地的反抗的历史,大大地突破了传统的学科界限。当然,这一时期的学术界也发生了巨大的变化:关于后现代主义的讨论越来越趋向全球化,并与第三世界的反殖民和反霸权斗争相关联;而比较文学的兴趣东移则更是导致了一种以东西方文学的对话与交流为特色的新的国际比较文学研究格局的出现;后现代主义之后的后殖民主义大潮不断向中心运动,文化研究在一个全球范围内的转型方兴未艾……这一切都使得文学研究者必须正视文化和文化本质问题。可以说,萨义德在沉默了一段时间后的深入思考在很大程度上是接着上述两本著作中涉及的问题而深入研究的。而对这些问题的反思和深入探讨则集中体现在他逝世前出版的论文集《流亡的反思及其他论文》(*Reflections on Exile and Other Essays*, 2000)中所收的各篇论文中。今天,研究全球化时代的流散写作的学者已将其当作研究流散现象的重要理论资源。

佳亚特里·C. 斯皮瓦克(Gayatri C. Spivak, 1942—　)通常被当作名声仅次于萨义德的当代最有影响同时也最有争议的一位后殖民地或第三世界知识分子，或后殖民批评家，现任美国哥伦比亚大学阿维龙基金会人文科学讲座教授。作为一位个人经历异常复杂而且理论方向也十分驳杂的后殖民理论批评家，斯皮瓦克走过的是一条发展轨迹清晰可寻的学术道路：她早年曾作为德里达的解构主义理论在北美最重要的翻译阐释者而一举成名，其后又以一个颇有挑战性的女权主义批评家的身份而活跃在女性文学界和批评界。之后当这一切均为她的异军突起铺平道路后，她才独辟蹊径，逐步发展为有着自己独特批评个性和理论风格的后殖民理论批评家之一。斯皮瓦克的著作包括三部论文集以及出版于20世纪末的一部专著：《在他者的世界里：文化政治论集》(*In Other Worlds: Essays in Cultural Politics*, 1987)、《外在于教学机器之内》(*Outside in the Teaching Machine*, 1993)和《斯皮瓦克读本》(*The Spivak Reader*, 1996 [ed.Donna Landry and Gerald MacLean])，以及《后殖民理性批判：走向行将消失的当下的历史》(*A Critique of Postcolonial Reason: Toward a History of the Vanishing Present*, 1999)。此外她还出版访谈录，编译多部理论著作和文集，并在欧美各主要刊物发表了大量的批评论文。斯皮瓦克对中国文学很感兴趣，并坚持学习中文长达六年。

霍米·巴巴(Homi K. Bhabha, 1949—)和斯皮瓦克一样，也出生在印度，后到西方著名学府求学，然后在英国任教，最后转入美国哈佛大学。巴巴的主要著作就是《文化的定位》(*The Location of Culture*, 1994)，并编有《民族与叙述》(*Nation and Narration*, 1990)。作为当代西方文化学术界最具有批判锋芒的后殖民理论家之一，霍米·巴巴在理论上的建树主要体现在这几个方面：（1）他创造性地将马克思主义和后结构主义理论糅为一体，并且颇为有效地将其运用于自己的批评实践，从而发展了一种颇具挑战性和解构性的后殖民文化研究和文化批判风格；（2）他的混杂理论影响了当今全球性后殖民语境下的民族和文化身份研究，提出了第三世界批评家进入学术主流并发出自己声音的具体策略；（3）他的模拟概念以及对一些殖民地题材的作品的细读则对第三世界批评家的反对西方文化霸权的努力有着巨大的启迪作用，对文学经典的重构也有着推进作用；（4）他所发展出的一种文化翻译理论强有力地冲击了翻译研究领域内长期占统治地位的以语言转换为主的文字翻译，从文化的层面消解了以语言为中心的逻各斯中心主义，为翻译研究领域内出现的文化转向起到了推波助澜的作用。

　　总之，原先的那种对殖民地的大规模武装侵略早已成为历史，但一些帝国主义霸权集团仍不忘对这些前殖民地进行文化渗透。如果说老殖民主义对第三世界的压迫主要表现在对之的压迫和掠夺的话，新殖民主义对第三世界则施行的是一种文化上的渗透和侵略，对此我们应该有着清醒的认识。通过阅读本书，我们进一步认识到，反对殖民主义的斗争将在文化的各个领域内长期地持续下去。

献给亚斯明

目 录

蒙太奇式的简述

你是否有过这样的经历,在大群人或大型的集会中唯有你的肤色或种族是与众不同的?据说世界上存在两种白人:一种人周围的大部分人仍然是白人,另一种人是其所在某一地点的唯一一个白种人。或许只有在那时,他们才第一次发现在他们所处的社会中其他人——西方之外的人的真实情况究竟是怎样的:他们是少数人,他们是永远生活在边缘的人,他们是不符合正常标准的人,他们是失去了话语权的人。

这种情况对于个人和对于民族来说都是一样的。你是否有时会感到你的民族和国家总是莫名其妙地被排斥在主流之外?你是否曾经感觉到当你说出"我"这个词时,"我"指的是别人,而不是你?你是否隐约觉得你并不是你说出的句子的主语?你是否曾经感到每当你发言时,你在某种意义上已经充当了别人的代言人?或者当你听到别人讲话时,你总是他们谈论的对象?你是否意识到这些发言者从未考虑过你的感受如何?你来自何方?你是否意识到你生活在别人的世界中,一个**为**别人而存在的世界中?

我们怎样才能找到一种谈论这种现象的方式呢?这就是后

殖民主义试图要回答的首要问题。自20世纪80年代早期以来，一批关于后殖民主义的著作出版问世了，这些著作试图转变我们看待某些关系的主要方式，这些关系存在于西方民族和非西方民族之间以及二者所在的世界之间。这意味着什么呢？这意味着将世界颠倒过来观察，意味着从照片的反面对其进行观察，体验事物之不同，而且要领悟其中的原因（当你生活在巴格达或贝宁而非柏林或波士顿时）。这还意味着，你要认识到，当西方人观察非西方世界时，他们所观测到的与其说是那里的现实情况或非西方民族的真实感受或真实看法，倒不如说是他们自身的镜像，是他们自己的假设。如果你不把自己认同为西方人或由于某种原因，你并不完全是个西方人——即使你生活在一个西方国家，或者你虽然从属于西方文化，但你会被来自内外的占统治地位的言论所排斥，那么在这里后殖民主义可以给你提供一种不同的观察方法，一种以你的兴趣为主的话语和政治活动。

后殖民主义主张世界上所有的民族都同样享有良好的物质和文化权利。然而现实情况却是，当今世界是一个不平等的世界，众多的差异使西方和非西方民族之间产生了一条巨大的鸿沟。在19世纪，随着欧洲帝国的扩张，这条鸿沟就已经完全形成。扩张的结果是，世界十分之九的陆地都被欧洲或源于欧洲的势力所控制。人类学理论不断地把殖民地的民族描绘成低等的、幼稚的和软弱的民族，没有能力进行自我管理（尽管数千年以来他们在此方面已经做得很好），需要西方父亲般的为维护其利益对其加以管理（现在认为他们需要的是"发展"）。这些人类学理论使得殖民和帝国统治变得合法化。这些人类学理论的基础就是种族观念。简而言之，西方与非西方的关系被认为是白种人对抗非白种人的关系。白种人的文化过去被认为是（并且现在仍然被认为是）合法政府、法律、经济、科学、语言、音乐、艺术、文学这些观念的基础。总之，白种人的文化就意味着文明。

在整个殖民统治期间，殖民地人民通过种种形式的积极和消极抵抗来与这种统治进行抗争。然而直到19世纪末，这样的抵抗才发展成为整体性的政治运动。对于世界上大多数地区的民族而言，20世纪的大多数时间里他们经历了长期的反殖民统治的斗争，并最终获得了胜利，可这种胜利常常是以生命和资源的大量付出为代价的。在亚洲、非洲和拉丁美洲，人们与欧洲帝国主义列强中那些当权的政客和行政官员或者定居在这些地区的殖民主义者进行了斗争。

当国家最终获得了主权，它就摆脱了殖民统治进入了自治和后殖民时期。独立！然而，独立在很多方面代表的仅仅是一个开端，仅仅是从直接统治到间接统治的相对微小的一步，是一种从殖民统治和管辖到非完全独立的转变。尽管进入了非殖民地化时期，但是在20世纪，世界上主要强国的地位却并没有发生实质性的变化，这是显而易见的。（前）帝国主义国家在很大程度上仍然统治着原来的殖民地国家。哪个国家胆敢挑战以前的殖民统治者，就会处于危险之中，阿富汗、古巴、伊朗和伊拉克的例子都清楚地证明了这一点。所有这些想要在政治上反抗西方控制的政府都受到了西方国家的军事干涉。

但是情形并不是完全消极的。从殖民统治下赢得独立仍是一个巨大的成功。虽然得到的权力有限，但权力的平衡正在缓慢地实现。首先，随着从正式帝国到非正式帝国的转变，西方国家需要更多的国内劳动力，这需要通过移民来实现。因为移民，西方和其他地区之间明显的种族界线至少不再像过去那样绝对了。但这绝不是说美国总统是位非裔美籍妇女，或英国选了一位亚裔的伊斯兰教徒当首相。西方的国家权力仍被谨慎地控制着。你能想到有多少位当权者——那些出现在报道世界政要日常政治活动的报纸头版上的当权者是有色人种？然而，文化也在发生变化：由白种清教徒塑造的美国正在被拉美化，拉丁裔和非裔的美国人已经成为许多富有活力的西方文化的推动力量，这些文化超越了传统的工业文化。今天，对许多欧洲青年来说，古巴文化居主导地位，在桑舞和萨尔萨舞①富有节奏的舞动中，古巴文化充满生机和活力。就广泛的共识而言，在殖民时期，西方和非西方民族之间的鸿沟主要表现在西方文化的统治上，而这种统治今天已经被溶解到一个更为宏大的文化体系之中，这种体系对差异采取尊重和宽容的态度。这一方面的局限性将在本书后面的章节中加以探讨。

现在，重要的是，后殖民主义首先涉及的是这样一个观点：西方之外的三个大洲（非洲、亚洲、拉丁美洲）在很大程度上处于从属于欧洲和北美洲的地位，并在经济上处于不平等的地位。后

---

① 起源于古巴的拉丁舞。拉丁舞具有热情、浪漫的旋律及丰富的节奏变化，它的感染力特别强。——本书注释均由译者添加，以下不再一一说明

殖民主义涉及反对不平等的激进主义的政治和哲学，并且以一种新的方式继续进行过去的那种反殖民斗争。后殖民主义不仅断言非洲、亚洲和拉丁美洲的民族应该享有资源和物质福祉，而且断言它们的文化——正在介入和改变西方社会的文化有巨大的活力。

后殖民文化分析涉及对理论建构的详尽阐述，这种理论建构挑战了先前占主导地位的西方思维方式。可以用女权主义进行一个简单的类比，女权主义也涉及一种类似的情况：曾经有一段时期你读到的任何书、听到的任何言论、看到的任何电影，都是从男性的视角出发的。可女性就撂在那里没人管，她总是一个客体，而不是一个主体。从你所读的书或所看的电影中你会发现，女性常常是那种被观赏的角色。她从来不是观察者。几个世纪以来，人们认为女性不如男性聪慧，她们不应受到男性所受到的教育。她们不能参加政治性的竞选。出于同样的原因，由女性创建的各类知识都被认为是不严肃的、琐碎的、道听途说的，或者不科学的，比如盲目的崇拜或传统的分娩方式或康复练习。所有这些态度只是女性被统治、被剥削和身体上被男性虐待的多种方式中的一部分。从18世纪末开始，女权主义者慢慢地、逐步地开始反抗。她们反抗得越激烈，就越清楚地表明，这些态度已经渗透到了整个文化之中，包括社会关系、政治、法律、医疗、艺术、时尚乃至学术知识。

作为一种政治运动和实践，女权主义并没有一个单一的思想体系，没有一个单一的创造者，不像马克思主义或心理分析那样，它汇集了不同领域的女性的共同努力。它的目标是要铲除所有的不平等现象，包括从家庭暴力到法律和语言再到哲学等诸多方面。女权主义者也必须同女性间的不平等作斗争。在某种程度上，这种不平等就像男女之间的不平等一样。然而与此同时，从更广泛的意义上讲，女权主义已经发展成为一种集体运动：来自社会各个层面的女性向着共同的目标而努力。这些共同目标包括：解放女性和争取女性权力，获得自主选择权，在改变多种制度的进程中获得法律、教育、医疗、就业方面的平等权利，这样她们将不再继续只代表男性的利益和视角。

与女权主义类似，"后殖民理论"涉及西方之外的一些知识和需求，需要对这些知识和需求进行概念性的重新定位。它涉及一些有可能发展成为一种政治实践的推动思想，这种政治实践在道德上的要求是要改变当今很多地方的人仍然在过着的受人剥削的和贫困不堪的生活。一些这样的理论工作已经因其晦涩难懂和涉及常人无法理解的复杂观点而出名。当面对学术理论权威时，人们常会认定自己理解上的困难是由自身的缺陷所造成的。这是很不幸的，因为许多这样的思想最初并不是由学术界提出来的，一旦理解了它们所描述的实际情况，理解就变得相对容易得多。因此，本书致力于以一种从未尝试过的方式来介绍后殖民主义：不是从头到尾的解释，不是先提出抽象的术语然后举一些例子来详细阐述这种理论，而是致力于追寻后殖民主义（本质上提倡民主原则）广泛的政治踪迹，肯定普通人和他们的文化的价值。本书将详细阐述后殖民主义，但不是按照从上到下，而是按照从下到上的顺序，也就是从具体的环境开始，然后从特定的视角提炼出一些观点。全书没有晦涩难懂的理论，以一种从下到上的方式解释后殖民主义，这种方式是最恰当的，因为它有助于详细阐述"属下阶层"的政治，即从属阶级和民众的政治。

所谓的后殖民理论，实际上并非科学意义上的理论，而是依条理详细阐述的一系列原则，这些原则可以预测一些现象的结果。它包括一整套相互关联的、并置的且偶尔存在冲突或矛盾的视角。从最广的意义上讲，它涉及其他学科和活动所专注的问题，特别是关于女性地位、发展、生态、社会公正性、社会主义等方面的问题。总之，后殖民主义把自己选择研究的问题和知识融入到了西方和非西方对于权力结构的研究之中。它致力于改变人们的思考方式和行为方式，以在不同种族之间创造出一种更加公正和公平的关系。

出于这种考虑，这里将不再以单一的一套观点或一种实践来阐述后殖民主义。在某一层次上，没有一个叫作"后殖民理论"的单一的实体存在。作为一个术语，后殖民主义描述的是各种各样的思想和实践，就像女权主义或社会主义包含各种思想和实践一样。本书没有遵循学术著作的标准模式，没有以一系列的章节来展开主题或论点，而是运用了蒙太奇的剪辑技巧，采用并置角度和时代的方式，创造性地探究它们之间生成的一系列关系，因为许多后殖民理论对思想和实践的处理都是动态的。这里所说的思想和实践之间的关系包括和谐关系、冲突关系、不同民族及其文化之间的生成关系。后殖民主义研究的是一个变化的世界——一个已经被斗争所改变的世界和一个实践者想要进一步改变的世界。

很多人不喜欢"后殖民"这个词,现在你可能开始意识到了这是为什么。它扰乱了世界的秩序。它使特权和权势受到了威胁。它拒绝承认西方文化的优越性。它那激进的日程表在为全球的人们呼唤着平等和幸福。

你将会在后殖民主义的土地上跋涉。下面的章节将会带你去旅行,带你穿过它的城市和荒芜的郊区,看到它乡村野郊的贫困。虽然人们承认这些景象是存在的,但其中的许多景象人们是视而不见的,对当地居民的生活和日常经历人们更是不屑一顾。本书的章节由不同的"场景"(在世界各地拍摄的快像)组成,且各张快像并排放在一起。因此本书就是一本影集,其中的照片并非那种静止和虚幻的图像,而是一种活生生的存在,喃喃低语着照片背后的故事。当你阅读本书时,你会听到那正注视着你的人陈述的证词。蒙太奇刻意把不相容的胶片并置起来,这种粗糙的切换手法已被人们所遗忘。在这里,这一系列的短片镜头在迅速抓拍瞬间飞逝的图像,把当今社会出现的矛盾场景搬上了舞台。这些断续的瞬间镜头见证了历史的更迭,也见证了从权力被夺走到通过抗争重新把权力夺取回来的历史过程。

当我们开始讲授"边缘"这个词时,我们会从原始素材入手,这些原始素材是当代对后殖民主义及其影响的文化政治方面的研究，某中包括那些"阿拉伯世界"的伟大著作，这些著作大多都出自马提尼克信奉基督教的精神病医生弗朗兹·法农之笔……在大的背景中，我们也可以在自己所从事的学科中找到一些原始素材，比如爱德华·萨义德的《东方主义》……萨义德的著作并不是对边缘的研究，甚至不是对边缘化的研究。《东方主义》是对于目标构建的研究，其目的是为了调查和调控。萨义德等人的著作已经直接涉及了对殖民话语的研究，而且这种研究就像一个大花园，已经开满了似锦的繁花。在这个"花园"里处于边缘的群体可以发言，可以被别人谈论，甚至可以让别人代表自己发言。

佳亚特里·查克拉瓦蒂·斯皮瓦克，

《外在于教学机器之内》(1993)

第一章
属下阶层的知识

你发觉自己是一个难民

　　一天早上，当你从噩梦中惊醒，你发现你所处的世界已经发生了巨变。在夜幕的笼罩下，你已经被放逐到别的地方。睁开双眼，你首先注意到的是风吹过平坦荒芜的土地时留下的声音。

　　你和家人正朝着阿富汗与巴基斯坦边境的一块"活墓地"走去，走向白沙瓦——一座布满鲜花和间谍的城市，一座边境城市，从喀布尔过来的旅客的第一个落脚点。这些旅客穿过雕刻着图案的托克汉城门，沿着开伯尔山口由灰色岩石建成的弯曲小路走向远处的平原，最后到达通往加尔各答的主干公路。

　　在老城区的达沃什清真寺周围，是开伯尔集贸市场，这里的货摊鳞次栉比。这里有一条狭窄的街道，这条街道的房屋依势而建，高得直冲云霄。各家经过装饰的阳台错落有致，悬挂在空中。这便是著名的吉沙·哈乌尼市场一条街，这条街因说故事的人而闻名。几个世纪以来，那些曲折、离奇的故事一直被悠闲地喝着热气腾腾的琥珀色希沙斯茶的人们绘声绘色地讲述着——那些人正努力地想要超越专业的故事讲述者，或是在那些在货摊上用大茶杯喝着蜜汁茶的人之间口耳相传。可是那里传来传去的故事却并不是为你而讲述的。

你继续西行，走过往日的殖民地兵营，走过郊区大片的临建房屋（可是住在临建房屋中的人已经在这里居住很久了），在山前的一块平地上停住了脚步。家人中还有两个孩子也走散了。你身边只有一袋衣物、一个睡觉和祈祷用的垫子、一个盛水用的大塑料容器和几个铝制的罐子。这时路上有一些士兵走上前来阻止你继续前行。白沙瓦附近的贾洛扎难民营已经关闭。从阿富汗到这里来的普什图人被指引着走向杰曼。杰曼没有难民营，它只是一个"等待区"。在这里，你从帐篷顶上放眼望去，大地平坦无奇，进入视野的唯有远处喜马拉雅山映在地平线上的黑影。

因为这里不是官方难民营，所以你缓慢的前行不会引起任何人的注意，也不会有人为你登记注册。此时，你的孩子又累又饿，坐在光秃秃的棕色沙地上，他们鼓鼓的肚皮上留着因感染而形成的深红色印痕。你四处寻找水和食物，还希望找到三根木头和一张大塑料布来搭建一个栖身之所。这个将要搭建的就是你的帐篷，就是你和家人的居所。你们将要在少粮缺水，痢疾和霍乱流行的困境中寻求生存。

幸运的话，你可能在数月内离开这里。但是如果不幸运的话，你或许就会像肯尼亚的索马里难民，加沙、约旦、黎巴嫩、叙利亚、约旦河西岸的巴勒斯坦难民，或是像20世纪70年代出现在斯里兰卡或者南非的"国内流离失所者"那样，在这里滞留十年甚至几十年。这里将可能成为你和你的子孙们唯一的家。

图1 新贾洛扎难民营,白沙瓦,巴基斯坦,2001年11月:一个来自阿富汗北部的乌兹别克人家庭在这个难民营的新家

我们是多么无常和多么善变。我们很容易改变或被改变。我们的居所是多么不稳定,只因为我们失去了生存的基础,我们失去了发源地,我们失去了我们的国土,我们断开了与过去的联系。这里没有巴勒斯坦人。谁是巴勒斯坦人?是"朱迪亚和撒马利亚地区的居住者"?是非犹太人、恐怖分子、制造事端的人、流离失所者还是难民?是卡片上的人名还是清单上的数字?人们在讲话中赞扬着巴勒斯坦人和他们的事业,但他们的存在仅仅是一个个片段而已。

爱德华·W. 萨义德,《最后一片天空之后》(1986)

难民，你居无定所，无处落根。你已经被转移了，是谁转移了你？是谁让你离开了自己的国土？你或是被迫，或是为了躲避战争或饥荒而离开。你顺着逃亡的路线颠沛流离，艰难跋涉。但是一切都静止了。你已疲惫的生命戛然而止，你的生活断裂了，你的家庭支离破碎。你所熟悉的单调却可爱而稳定的生活和熟悉的社会也将随之一去不返。你在压缩的时间里，经历了资本主义的强烈介入，经历了平常安乐生活的终结，你已成为那些跨越不同时代并经历过冷漠的现代性的人们的象征。你面对的是一个新世界，一种新文化，面对这种新文化，你不得不调整自己来适应它。你还要努力保留自己的可识别的身份。把这两者放在一起是一种痛苦的体验。也许有一天，你或者你的孩子会将它看作一种解放的方式，但不是现在。生活已过于脆弱，过于不确定。你什么都不能依靠。在世界的眼中，你只是一个客体。谁会在意你的经历、你的想法以及你的感受？各国的政客们争先恐后地立法，为的是阻止你进入他们的国家。他们对寻求避难者的答复是：禁入。

你是闯入者，你是错位的，你是不合时宜的。"难民"一词将你与你的国家隔离开来，你拖着疲惫的身躯，带着自己的信仰、语言、愿望、习惯及情感一脚踏进未被认同的、精神上深感陌生的世界里。所有的一切都是关于中断、错位、不堪回首的刺痛和痛苦的体验。这种体验加剧了后殖民时期的残酷体验，但也使其具有了创造性。

图2 新贾洛扎难民营,白沙瓦,巴基斯坦,2001年11月:一个阿富汗小男孩正在放风筝

不同种类的知识

在贾洛扎难民营,你不愿意做的一件事情就是读这本书,即便你识文认字,即使这本书已被翻译成普什图语,你也不会读这本书。你说得多,会对许多人讲述自己日常生活中遇到的问题,有时候还会讲述那些又长又难懂的、与战争和饥荒相关的悲惨故事,你试图从自己的经历中提炼出一些人生感悟。如果你碰到一些来自其他地方的人愿意帮助你,你很有可能会对他们说出你的需求:药品、食品、避难所。你不会为那些从未谋面的人的利益而袒露你的经历。你不会将你的生活演绎成一个故事或者为别人而表述。但你仍然是这本书中不那么沉默的主角,因为它是为你

> 到目前为止,有关所谓的第三世界的知识都来源于宗主国的档案资料,这些资料中的绝大部分一直集中在宗主国的科研机构之中,过去是这样,今天是这样,而且这种状况还将持续下去……这些档案资料通过大量的学术科目和各种各样的著作向外扩散传播。其中既有经典的哲学著作,又有传教士和行政官员的通俗之作;既有区域性研究项目,甚至是人文学科的核心领域,又有由基金会和私人出版社资助的翻译项目——以上项目构建了各种实践的内容。
>
> 爱加斯·阿马德,《在理论之中》(1992)

而写的。即便你没有读过其中的文字,它们也是为你而写的。

你能否读这本书,显示出了划分世界的一种主要的方式。划分有多种方式,比如:你是否有干净的水喝,是否有足够的食品和保健品,是否能读书,是否受过正规的教育。每一个人都会经历非正规的教育,实际上正规与非正规之间的界限往往是不确定的。有时你所需要的知识是你通过非正规的教育学来的,是从你的家庭和周边环境中学来的。你通过正规的教育渠道学到的知识是他人的知识。谁是这些知识的权威呢?它们是谁的知识呢?你从不同学校学到的知识是不同的,你的思维模式也是不同的。想一想孩子们身上的不同吧:在西方有些进入私立学校的孩子每年要花费一万五千英镑,2001年在伯利恒附近的阿哈德学校里的孩子却不得不在帐篷里学习,因为学校的校舍已经被以色列的军事行动所摧毁。看一看图3中那个巴勒斯坦女孩的学习经历吧！她每天步行穿过拉法难民营来到学校，而拉法难民营也在一天前被三辆以色列坦克和两辆推土机夷为废墟。

自从加沙地带的汗育尼斯难民营和约旦河西岸的贾拉左难民营首次开办露天学校以来，近五十年来巴勒斯坦几乎毫无变化。如果当年的那些孩子还活着的话，他们今天都已成了老人。他们住在难民营中，常是以色列军事行动打击的目标。不得不这样危险生活的人会有什么样的感受呢？

读到这里你想一想今天这些学校的处境，这将有助于你形成

图3　一位巴勒斯坦的女学生正在加沙地带南部的拉法难民营的废墟中走着，2001年4月15日。这是在以色列根据临时和平协定把这一地区的控制权完全移交给巴勒斯坦后，以色列军队在不到一周内第二次对这里进行打击之后一天的情景

后殖民主义得以产生的视角。想一想阿哈德、贝德加拉、贾洛扎、贾拉左、杰宁、汗育尼斯、拉法的情况。那里人的生活怎能与你的或我的生活相比呢？想象一下在一个封闭又贫穷的社会中成长起来，又眼睁睁看着它在政府的指令下被推土机夷为平地是什么感觉。读一读布洛克·莫迪森撰写的关于索非亚镇在1958年被实行种族隔离的南非政府摧毁的原因。索非亚镇是约翰内斯堡黑人文化生活的中心。莫迪森不允许我们错误地认为在特权阶层和可怜的穷人之间存在的差别仅仅涉及受难与剥削的问题。还有其他种类的财富和损失。还有思考世界的其他方式。人性的，而非物质性的方式。

> 随着索非亚镇的死亡，我体内的一些东西死掉了，我身体的一部分也死掉了……他们以清除贫民窟的名义用推土机将她弄得遍体鳞伤。片刻之后，沿着古得街看去，索非亚镇就像是其中众多的受害者之一；一个男人被索非亚镇之刀刺伤，躺在露天的排水沟里，像一粒葡萄干撒落在散发着气味的下水道里，这个人由于多处被刺伤而濒临死亡，多处伤口还在流血；在这个将要死去的人的脸上显现出震惊、迷惑、恐惧、怀疑的表情。
>
> 布洛克·莫迪森，《怪罪历史》（1963）

图4　早期的联合国难民救济和工程局修建的学校,贾拉左难民营,约旦河西岸,1951年。

从第三世界到三大洲

当你看见一些孩子聚集在学校里,光着脚站在石头上,你便知道你身在"第三世界"国家。这个第三世界是后殖民的世界。"第三世界"这个词起源于法国革命时的第三等级。世界曾根据两大政治体系而被划分成资本主义和社会主义两大阵营,它们构成第一世界和第二世界。剩余的部分就构成了第三世界:那些刚刚从帝国主义殖民统治下获得独立的国家和"不结盟"国家。

在1955年的万隆会议上，二十九个刚刚成立的亚非国家（包括埃及、加纳、印度和印尼）发起了不结盟运动。它们把自己看作一个独立的政治集团，用一种新的"第三世界"的视角来看待政治、经济和文化上的全球范围内的优先权。这是一个非常重要的事件，它标志着世界上的有色人种试图摆脱西方白人国家的枷锁。从政治上来讲，它是世人可走的第三条道路：既不属于西方集团也不属于苏联集团。然而，第三条道路的确立或发展是很缓慢的。这个名词逐渐与这些国家所遇到的政治和经济问题联系在一起，因而也就与贫穷、饥荒、动荡联系在一起，形成了一道"鸿沟"。

在很多方面，万隆会议标志着后殖民主义首次成为一个具有自觉意识的政治哲学体系。十一年后，在1966年于哈瓦那召开的三大洲会议上，更富于战斗性的第三世界政治团体作为反对西方帝国主义持续影响的全球联盟出现了。这也是首次将拉丁美洲（包括加勒比海）与非洲、亚洲联系在一起，地处南部的这三个大洲便得名为"三大洲"。在许多方面，三大洲是一个比"后殖民"更精确的术语。三大洲会议创办了一本杂志（杂志干脆取名为《三大洲》），该杂志首次将后殖民理论家与实践家的写作联系在一起（其中包括阿米尔卡·卡布拉尔、弗朗兹·法农、切·格瓦拉、胡志明、让-保罗·萨特的文章），这样的写作表明的不是一个单一的政治和理论的立场，而是人类要求共同解放的共同努力。由于美国对古巴实行封锁，不允许古巴的杂志进入美国，所以许多美国的后殖民理论家没有意识到他们还有这样一些激进的先驱。

> 殖民主义者通常讲,是他们把我们带进了历史。今天我们要表明的是事情并非如此,是他们使我们离开了历史,我们的历史,让我们跟着他们,在他们的后面,走向他们的历史的前进方向。
>
> 阿米尔卡·卡布拉尔,《回到源头》(1973)

作为术语,无论"三大洲"还是"第三世界"都有各自的道理,因为它们指代的是另一种文化,另一种"认识论"或者知识体系。在过去的三百多年里,甚至在更长的时间里,被世人称为知识的大部分文章,都是由那些生活在西方国家的人写就的,而且这种知识是由学术界即机构性的知识团体精心制作和认可的。这种知识中的很大一部分,特别是关于数学和科学的知识来自阿拉伯世界,这也是为什么时至今日就连西方学者在写数字时还用阿拉伯数字的原因。西方学校着重强调西方文明是对拉丁文化和希腊文化的传承,但是大多数西方学者仍然丝毫没有意识到这样一个事实:他们每天都在读写阿拉伯语。想象一下这样一个新闻标题:《在发现"基地"组织与阿拉伯的联系后,美国学校禁止使用代数基本原理》。

> 我们这些受剥削的人在世界上必须扮演什么样的角色呢?……

> 我们这些受剥削的落后国家的任务就是摧毁那些维持帝国主义的根基。资金、原材料、廉价劳动力（无论是工人还是技术人员）都被从我们这些被压迫的国家中夺走，同时新的资本（统治工具）、武器和各种商品都被输入进来，使我们陷入完全的依赖。那个战略目标的基本要素便是人类的真正解放……
>
> 切·格瓦拉,《给三大洲的信息》(1967)

后殖民主义源于其本身的知识，其中的许多知识是最近在漫长的反殖民运动的过程中被阐述出来的。后殖民主义源于这样一个假设：那些西方人，无论是不是学者，都会以同样严肃的态度，来看待有别于西方的其他知识和有别于西方的其他角度。后殖民主义或者"三大洲主义"，都是新兴知识的总称，这些知识来自属下阶层，即受压迫的民众，它们试图改变我们生活中的术语和价值观。如果你想学，那么你随处都可以学到这些知识。你开始的唯一条件就是要保证你会仰视而不是俯视这个世界。

焚 书

非裔美国作家兰斯顿·休斯1940年在他的《大海》一书中，讲述了他坐船离开纽约去非洲的故事。他爬上甲板，将他随身携带的旅途阅读的书远远地扔进了大海。看着一本本书旋转着消失在大海中，他感到了自由的愉悦。他说："当我把这些书扔进海

图5 切·格瓦拉,《给三大洲的信息》,1967年4月16日。寄给亚非拉三大洲人民团结组织,寄自"世界的某个地方",格瓦拉从1965年春离开古巴到1967年10月9日在玻利维亚被杀期间的一次公开演讲,在《三大洲》杂志第一期上公开出版发行

里时，那感觉就像把压在心中的千百万块砖头搬开一样。"在他沿着祖先来的路回去的时候，他将他的所知所学全部抛弃了。在回非洲的路上，他把所有将非裔美国人置于社会低层的等级文化抛得一干二净。他回到了自己的大洲，与自己的人民在一起，以自己的方式做事情。他写道：

> 我的非洲，黑人的祖国！我也是一个黑人，一个非洲的黑人！非洲，真实的存在，它不仅可以在书中读到，而且可以摸得到、看得见。

当休斯最终到达非洲，和那里的人民讲话时，他受到了伤害。

> 非洲人看着我，不相信我是黑人。我说："事实上我也是黑人。"
> 他们嘲笑我，摇摇头说："你是白人！你是白人！"

弗朗兹·法农的经历则与此相反。在马提尼克，他总被人们看作白人。当他到达法国里昂时，人们在大街上见到他时喊道："看！他是个黑人！"法农如此评论说：

> 我抱着试图在事物中找到意义的信念，来到这个世界上。我的精神世界充满着找到世界本原的愿望，后来我发现我只是他类客体中的一个客体。

法农的第一反应，如他自己所言，就是经历了"被封存到被挤压的物性之中"的痛苦。后来他意识到问题远比此严重得多。人变成了客体，被人指点、被人取笑，而这还仅仅只是表面上的情况。同时存在的情况是，处于这种情况当中的人内化了这一观点，将他们自己视为与众不同的低人一等的"他者"。

> 我是如此厌倦学习和背诵赞美水仙花的诗歌，我和为数不多的几个"真正的"英国孩子的关系很别扭，我发现当我称自己为英国人时，他们会傲慢地责骂我："你不是英国人，你是令人讨厌的殖民地人。"
>
> 珍·莱斯，《焚书的那一天》（1968）

在《焚书的那一天》中，出生于美洲的欧裔白人小说家珍·莱斯讲述了一个加勒比海岛上的轮船代理商索亚先生的故事。他和一个有色人种的女人结了婚，但是，他经常在酒醉之后虐待她。索亚在他的房子后面建了一间小屋，那里摆放着他特意从英国邮寄来的书。他那只有一半白人血统的儿子埃迪体弱多病，正是他首先站出来质疑叙述者——一个小女孩，这个女孩认为所有来自"家乡"的东西，也就是来自英国的东西都比岛上的东西高贵。埃迪会从图书馆里借书，父亲去世后，埃迪成了这些书的拥有者。几天后，埃迪和叙述者来到图书馆找到母亲，多年来，他的母亲一直在不幸的婚姻中煎熬。母亲的怨恨和愤怒爆发了出来，她将书从架子上弄到地上，分为两堆，想一堆出售，另一堆烧掉。当母亲将书架上的一本书拿下来时，埃迪求她不要将这本书烧掉，因为他正在读这本书。最终他从母亲手中把这本书夺了回来，并尖声喊道："现在我也开始讨厌你了。"女孩也为自己抢到一本书，两人穿过花园跑到街道上，一起在黑暗中坐了一会儿。埃迪开始哭泣，为了表示对埃迪极度孤独的同情，女孩问埃迪那是本什么书。那本书是吉卜林的小说《吉姆》。可女孩就没有那么幸运，虽然她本能地感到她的战利品是一个很重要的东西，但是当她想看看究竟时，却很失望，"因为那本叫作《像死亡一样坚强》的书是用法语写的，看起来索然无味"。

珍·莱斯的故事读起来不太像殖民主义的寓言故事，倒更像是关于后殖民的权力关系的寓言故事，在这个故事里，数十年的等级剥削和侵略性的种族文化所促生的仇恨，使得索亚夫人强烈反对这样一种优越感的文化基础。埃迪的矛盾反应是：他既憎恨他的父亲，憎恨"家"，也就是英国，但是他又想得到父亲的书。这又将他带入与母亲的矛盾之中：他爱母亲，但是母亲恨他父亲所有的书。这也把埃迪推向边缘的位置，使他介于矛盾的、竞争的文化之中：他一方面在情感上认同一种文化，同时又在理智上对另一种文化产生了好奇。

这种矛盾的态度和多重身份被津巴布韦小说家奇奇·丹格伦伯加定义为本地人的"不安的状况"。他们跻身于不同文化的矛盾层面之中，当殖民文化或主导文化通过教育进入本地的初始文化中时，便会产生一种不安的状况，其中包括矛盾、不稳定、文化界限的混乱（内部或外部的）以及与"他者"文化的融合。在《不安的状况》（1988）这本书中，讲述者坦布泽梦想着接受良好的教育，梦想着能进入她那位已经接受了白人文化的校长亲戚的房间里。但是她发现她不知道应该坐在哪里，她不知道应该如何阅读房间里的习惯性符号，她不知道应该使用哪种语言——英语还是绍纳语？生活在这个社会中的个体要屈从于一种痛苦，这种痛苦被法农称为杂交裂缝中的存在，他们要试图同时经历两种不同的、互不兼容的人生。如果你想成为白人，改变你的种族和阶层，你就要吸纳主流文化，这种不同身份之间的妥协，不同价值体系层面之间的妥协（尤其是对女性而言，对她们来说这些选择看起来是互相矛盾的）是其中不可或缺的一部分。否则，即使你接受了白人的价值观，你也不可能是一个十足的白人。

　　焚书可以被看作要求解放的表示，或是无力通过别的途径表明自己立场的一种表现。当然，通常情况下当这种行为包含一个民族主义者对少数民族文化的攻击时，就被认为是压迫性的、破坏性的、法西斯的行为，它确实如此。以1981年5月僧伽罗统一国民党烧毁贾夫纳大学图书馆为例，"数以千计的泰米尔语书籍、手稿、风干的棕榈叶手稿、各种文件被烧毁，其中包括《贾夫纳历史》的孤本"。1992年5月，塞尔维亚民族主义武装在萨拉热窝的东方学院投放燃烧弹，这里收藏着欧洲最重要的伊斯兰手稿，"事实上所有手稿都被大火烧毁，包括五千二百六十三册阿拉伯语、波斯语、土耳其语、希伯来语手稿和阿拉伯语手稿中用塞尔维亚-克罗地亚-波斯尼亚方言撰写的部分，以及数以万计的奥斯曼帝国时代的文献"。种族清除不仅包括人的毁灭，也包括知识的毁灭和历史的毁灭。

"布拉德福德的穆斯林"不是指那些居住在英国布拉德福德的穆斯林，而是指那些生活在西方的被认为是"宗教激进主义者"的穆斯林。1989年1月14日，一群生活在布拉德福德和奥尔德姆的穆斯林公开烧毁了萨尔曼·拉什迪的《撒旦诗篇》。评论家纷纷将这一行为与1933年纳粹在德国的焚书之举相提并论。通过对比，我们发现激进的基督教群体在美国烧毁J.K.罗琳的《哈利·波特》的行为没有受到太多的媒体关注。

拉什迪的立场比较复杂，因为在此之前他一直是英国最著名的反种族主义的支持者之一，是移民社区政治权益和观点的代言人。突然有一天他发现在自己所代言的少数族裔的社区内有着和自己的多元文化融合（他称之为"宗教文化融合"）的观点截然不同的看法，并且这些看法得到了一些少数族裔的作家（例如哈尼弗·科利什）以及媒体的支持。由于很多少数族裔的人们在日常生活中都受到了压迫，所以在受人赞美的多元文化主义和这些少数族裔的真实状况之间存在着很深的裂痕。

对西方而言，整体上这看上去似乎很像自由主义者与保守主义者之间的区别，前者接受了同化，而后者却仍想保留他们的未被玷污的文化身份。对于西方的少数民族或者对于那些居住在西方之外的人而言，这种区别就不是那么清晰。对个体来说，想要同时持有两种观点并不是不寻常的。后殖民主义的愿望中存在着不安，这种不安的状况受到了无法掌控的矛盾心理的侵扰。

围绕《撒旦诗篇》而产生的文化和社会冲突主要是通过空间和二元对立的地理政治学——伊斯兰宗教激进主义者与西方文艺界的现代主义者，也就是古老的（有武断的意味）移居者和现代的（有讽刺意味）大都市人——展现的。这一现象掩盖了不可化解的、边缘性的、对于文化杂交的忧虑，这种文化杂交提出了认同的问题，以及离奇的、断裂的暂存性中的流散社群的美学问题，即文化转移的**时间**和文化转移的**空间**"不可移植"的问题。

霍米·K.巴巴,《文化的定位》(1994)

来自下层与上层的历史与权力

非洲和加勒比海的革命者在哈莱姆，1924年

　　我正观察一张照片。照片上三个男人并排而立，姿势呆板僵硬，严肃而若有所思地盯着镜头。每个人都衣着入时，穿着马甲，揣着怀表。中间身着白色套装、脚穿翼尖状饰纹皮鞋的男子头戴一顶帽子，其他两位则以手持帽。右侧身材矮小而略胖一些的男子撑着一张木制折叠椅的椅背。尽管他们正一起摆姿势合影，但彼此却保持着距离。这一点表明他们虽然认识，但却称不上是密友。他们衣着的华美与身后破旧的红砖房形成一种奇特的反差。看起来他们好像站在一所廉价公寓或办公楼的外面。他们身后的窗户的右扇有百叶窗，而另一边的窗户却没有。

　　这张照片是由哈莱姆文艺复兴运动时期著名的摄影师詹姆斯·范德尔奇拍摄的。这张1924年8月拍摄的照片上的人物分别是马库斯·加维、乔治·O.马克和克乔·托瓦罗-胡诺王子。加维来自牙买加，马克来自塞拉利昂，托瓦罗-胡诺来自达荷美共和国。那天他们都是来纽约市开会的，或许这张照片是在哈莱姆135号街西56号原"黑星"航运公司办公楼的后面照的。马克是

图6 马库斯·加维和乔治·O.马克、克乔·托瓦罗-胡诺王子

联合黑人促进会的最高代理主席,他曾在弗里敦受过教育,并在苏格兰的阿伯丁和爱丁堡上过大学,他作为塞拉利昂的代表到纽约参加了1920年的联合黑人促进会会议。1922年,他被任命为

联合黑人促进会代表团的全权代表参加了国际联盟会议。代表团请求国际联盟将德国以前在非洲的殖民地作为黑人居留地移交给联合黑人促进会管理，但此请求遭到拒绝。这些殖民地后来转交由英国和南非托管。

加维，这位联合黑人促进会的创始人，1924年由于被指控利用邮件欺诈而被一个联邦调查局的官员判处有罪，这位联邦调查局的官员急于寻找借口将他驱逐出境。加维早年加入了牙买加的"国家俱乐部"，这个组织致力于摆脱英国统治寻求独立。之后加维在中美地区广泛旅行，然后去了伦敦。他的妹妹阿德里安娜当时在伦敦做家庭教师。在伦敦，他了解了泛非运动，该运动于1900年在伦敦召开了首次会议。他还阅读了布克·T.华盛顿的著作《出身奴隶》。最重要的是，他遇到了了不起的苏丹裔埃及人杜斯·穆罕默德·阿里并与之成为挚友。穆罕默德·阿里是一位民族主义者，他们二人共同经营阿里的宣扬激进民族主义的报纸《非洲时代与东方评论》。1914年当加维返回牙买加创建联合黑人促进会时，他已经形成了一套政治哲学，其基础是黑人权力和尊严的简单而有力的传达。两年后，他受布克·T.华盛顿之邀来到美国，并产生了巨大的影响，或许可以说在美国没有一个黑人移民的政治影响力比他更大了。他把反殖民的言语转换成民权和争取黑人权力的语言，在20世纪这两者将继续发展，并互相密切联系，彼此推动。这张照片记录了这种推动力量启动的那一时刻。

克乔·托瓦罗-胡诺王子本人刚刚从法国抵达纽约，并且要在哈莱姆自由大会堂举行的1924年年度联合黑人促进会会议上发言。托瓦罗-胡诺王子是保护黑人种族全球联盟的主席,该组织由他创建于巴黎,它的创立缘于一个有名的事件。当时因为托瓦罗-胡诺王子是黑人的缘故,几个美国白人游客试图把他扔出一间咖啡厅。当你审视这个贵族,这个流亡的达荷美共和国国王的侄子的时候,你会很容易看出为什么他如此强烈地憎恨这种待遇,以至于他引起了整个法国媒体的同情。正是由于这个原因,巴黎多年来享有对黑人艺术家和知识分子最具同情心的西方城市的美誉。约瑟芬·贝克、兰斯顿·休斯、詹姆斯·鲍德温、切斯特·海姆斯、西德尼·波切特都受到了法国人的喜爱——只要他们不是阿拉伯人。

在1924年的大会上,加维宣布联合黑人促进会已约有一万四千个分支。其中一半在北美洲,其余分布在加勒比海、中美洲、南美洲和非洲,全部成员据估计已达到六百万。这种非同寻常的全球化组织在托瓦罗-胡诺的报纸《大洲》的名字中得到了反映。这是跨越大西洋的黑人革命运动,这三个来自英法在非洲和加勒比海殖民地的革命者聚集在美国,想要联系不同文化间的激进主义并确保跨国的团结合作。

加维在加勒比海、美国和英国开展的革命运动,使他成为萨尔曼·拉什迪所描绘的"被转化的人"的一个早期的范例。所谓"被转化的人",也就是被不同文化"转化"的人。但这不是人们被动经历的事情:加维要求恢复黑人尊严的呼吁是自我转化的一种呼声。跨越不同地域时,语言、人和文化会发生改变,可以从转化的视角来看待它们是如何改变的。它还可以被更隐讳地使用，用来描绘个人或群体是如何通过改变自己对社会地位的认识而被转化的。

在这里，在纽约，三个人站在一起，准备向聚集在自由大会堂里参加联合黑人促进会会议的听众发言，他们不仅是一路从牙买加、达荷美共和国和塞拉利昂到哈莱姆的三个人。在重新描绘美国文化及超越全球文化的过程中，他们是积极的文化上的转化者。他们的相聚标志着被压迫国家间的革命性的思想意识的转化。后来，克乔·托瓦罗-胡诺王子受到了法国殖民当局的迫害，加维被联邦调查局勒令离开美国。在此后的几十年中，美国民权激进主义者——如歌手保罗·罗伯逊与加勒比海及非洲反殖民领导人之

图7 菲德尔·卡斯特罗回到哈莱姆，1995年

间的联系处于美国联邦调查局、英国军事情报五处和英国军事情报六处的监控之下，但此时为时已晚——加维的干预已经成功。加勒比海的激进主义已经抵达纽约和伦敦，争取黑人权力的事业将越来越壮大。一代接一代的加勒比海的活动家（如C.L.R.詹姆斯、克劳德·麦凯和乔治·帕德莫）积极沿着他们的脚印前进。

卡斯特罗重访哈莱姆

在1960年卡斯特罗访问哈莱姆期间，当拥挤的人群迎接这位古巴领导人时，他与马尔科姆·X见了面，此时在古巴，多次大型集会纷纷谴责美国的种族主义。一份黑人报纸《纽约市民的呼声》报道说："对哈莱姆少数民族居住区的受压迫的居民而言，卡斯特罗就是那个铲除民族败类，让美国白人下地狱的大胡子革命者。"

现在，耐心排队等候聆听古巴领导人2000年9月演说的人们似乎也同样欣赏卡斯特罗与黑人事业的团结一致。"哈莱姆是卡斯特罗的家。我们热爱他，他是我们的兄弟。"一位哈莱姆当地的房地产经纪人杰比尔·艾莱-阿明说，"有非洲血统的人深受他的吸引。他相信所有人都应享有真正的自由，所有古巴人，尤其是所有非洲人和具有非洲血统的人都应享有真正的自由。他坚持自己的信仰，尽管他的人民遭受国际制裁和压力，他仍保持着自己和人民的尊严。"

希沙姆·艾迪, www.africana.com

1960年迎来了这段历史上最著名的时刻。菲德尔·卡斯特罗在市中心的酒店内遭到刻薄对待后，受马尔科姆·X邀请来到哈莱姆，入住泰瑞莎酒店。卡斯特罗后来回忆说："我立刻决定'我要到哈莱姆去，因为那里有我的好友'。"卡斯特罗对哈莱姆的初访标志着古巴与美国黑人长期团结的开始，也标志着（正如卡斯特罗所说）产生于第三世界的两国人民——古巴人民与美国的第三世界人民之间的友情与同情的开端。

轰炸伊拉克——始自1920年

> 西方赢得世界并非靠观念、价值观或宗教的优越性，而是靠有组织的暴力。西方人常常忘却这一事实，而非西方人却从来都不会忘记。
>
> 塞缪尔·P.亨廷顿，引自"雷德在哪儿"网站，
> 炮击之下的巴格达日常生活的逐日记录

我正站在阳台上，越过黄色的房子，向外眺望着北部在夜色中拔地而起的黑色的石灰岩山脉。我仍能辨认出塞浦路斯的土耳其共和国的大旗，它挂在山腰上，这是一幅巨大的镶嵌工艺品，白底配以红色图案，色彩艳丽，在平行线条之间构成了新月形和星形两个图案。无论你在尼科西亚的任何地方，无论你何时眺望北方，你都会看到那面旗帜勇敢地越过地平线，在空中飞扬，旁边写着坚定的语句："做一土耳其人，乐哉。"该岛

被分开已有二十五年多了。联合国确立的分割线上的倒钩状铁丝网已锈迹斑斑,许多指挥部和瞭望台似乎已被长久地遗弃。然而,没有任何物体可以穿过分界线;双方仍然透过城墙、电缆和分界线上看不见的地雷互相怒目而视,双方回忆起了被抛弃的家园,回忆起失踪的家人和村庄被屠杀的夜晚。在经过艰苦斗争取得独立之后,另一个残留的殖民影响要归咎于人们自己。

我看着洒落在山上的暗淡的光线,听着从城市的另一边传来的傍晚的祈祷声。在此背景下,我能听见路透社的电子邮件发送到电脑里的声音,此时这一地区的人们都在写新闻稿。我看了看身后的桌子,看到了哈立德发来的一条信息。他最近刚被派往巴格达。我在他的名字上双击光标,他的信息便出现了。

发件人:哈立德　　　　时间:星期三 22/01/2003 23:08
收件人:沙燕
抄送:
主题:回复:报告

祝你平安,我今晚终于与我向你提到的那个人相遇了。要了解办公室里正在发生什么事情是很难的,在他的办公室里也一样。他们在那儿正忙着把收藏的珍宝转移到更加安全的地方——在电信局和外交部之间的博物馆是个合适的地方。不管怎样,我们最后安排在姆斯坦色尔街拐角处的阿尔海-穆罕默德的家里见面。这次谈话发生了意想不到的转折。别把这个发到新闻上，可你能把它发表在专栏上吗？如果尼克能把这则消息同时发表在多家报纸上，就请他帮个忙。

多谢。

哈立德

"轰炸的权利"：巴格达，2003年1月21日

一进门，我就看到他坐在屋子的另一边，胳膊很瘦，心不在焉地揣着手盯着地板上刻着菱形图案的地砖。我坐下后，他给我们两个人点了咖啡。我们热情地谈起了双方以前的老朋友，以及他在巴黎和伦敦度过的那几年时光。萨蒂克是巴格达古迹总管的高级代表，专门研究塞尔柱王朝时期（12至13世纪）的美索不达米亚人的书籍。几年前，基于他的博士研究，他出版了一本重要的学术论著，是关于迪奥斯科里斯的《药物论》（1224）的，他现在已成为研究那一时期的医学论文的权威。他在巴黎的国家图书馆用了一年多的时间研究《解毒剂》（1199）这本书。他给了我一篇他自己的文章，在该篇文章中，他分析了《解毒剂》（其中谈到了该如何培育植物以便获取那些植物的医疗性能）中的精美插图。我想更多地了解那一时期植物和药草在医学中的非凡作用，因此我向他解释了我此行的目的。突然，尘土四处飞扬，我们听到了远处传来的隐约的爆炸声。他看了看我，伸出舌头舔了舔他发干的嘴唇。起初，他一言不发，几十年来他从动乱的，有时充满

恐怖的政权统治中幸存下来，这是他的一种自然本能。他的学术成就围绕着八个世纪以前巴格达作为伊斯兰世界的中心所创造出的辉煌的工艺品，这个领域非常"安全"，使他在某种程度上达到了"政治隐身"。然后他注视着我，开始讲了起来。

　　又是英国人干的。八十多年来他们一直在轰炸我的家园。这些来自英国的不速之客从天空上向我们投掷炸药，其间经历了四代人。事情始于1920年。当时我的曾祖父阿布达·拉赫曼正回村里参加他小儿子的婚礼，这时一架双翼飞机突然飞过来在婚礼仪式上投掷了一枚燃烧弹。按照村里以前的惯例，举行婚礼时，客人们被分成男女两个区域。炸弹落在男性聚集的区域，当时就使我们家族一半的男子死亡或伤残，包括曾祖父的长子、三个叔叔、两个堂兄弟和我祖母父亲的兄弟的四个儿子。从那以后，只要他们觉得时机合适，炸弹便又会从天而降。

　　现在此类事情多是由他们的老大哥美国来干的，但是你仍然能看到英国皇家空军的飞机沿着20世纪20年代英国人最初划定的路线划过我们的领空。二战后当他们准备最终（又一次）离开时，飞行正式开始。他们不辞劳苦地精细地勘测和拍摄了我们的每一寸国土。我的堂兄那时正在英国读书，他告诉我说在英国的吉勒大学有数百万张伊朗和伊拉克的侦察缩微胶片，这些都是由英国皇家空军680中队在撤离前拍摄的。你不会知道我们什么时候需要这些资料，问他们时他们微笑着说。当他们寻找石油的时候，或者当他们为确保将来拥有更多石油而决定轰炸我们的时候，就会用到这些资料。或许现在当他们坐在英国的操作室里计划着下一步要击中我们中的哪一个目标时，就使用着它们。

我们每一寸的国土都被拍摄了，从波斯湾的阿尔巴斯拉到阿马蒂亚北部的山区。这是我们的国土啊！从某种意义上讲，这几乎已经不再是我们的国土——即使她一直是我们的土地。就像中东地区的多数国家一样，这种局面是由两个人，一个法国人和一个英国人在一战期间所造成的。他们一个叫乔治·赛克斯，另一个叫马科·皮科特爵士。他们只是在伦敦偶遇，然后两人秘密地决定了所有的一切。战败的奥斯曼帝国将会被瓜分，新成立的国家，比如巴勒斯坦、约旦、伊拉克、叙利亚、黎巴嫩，都是从所剩下的土地的边边角角中创建出来的，以便于两个殖民帝国统治它们。当然英国已经控制了埃及和苏丹。伊拉克是由奥斯曼帝国剩下的三个省构成的。1920年，他们声称要让库尔德人独立建国，即建立库尔德斯坦。可是到了1923年，一时间他们把这个承诺忘了个一干二净。他们创造的不是国家，他们只是根据自己的利益在地图上绘制一些线条而已。我们之间过去没有边境。整个帝国从一端到另一端是开放的。当然各地区也有所不同，像以前一样，我们属于美索不达米亚的北部和南部。他们用倒钩状的铁丝网在流动的沙子上划出了他们新的"保护国"，据他们说，这些地区除了几个像我的曾祖父和祖父一样的无名的部落男子外杳无人烟，而像我的曾祖父和祖父这样的人，根本没有必要被询问怎样划分领土才对他们有益。游牧者是没有权利的。他们根本就不在那个地方。

他们也不像那些后来迅速到来的石油公司或军队。那些法国人在战争结束时迅速使他们的塞内加尔部队在贝鲁特着陆，随后占领了整个北部沿海地区。英国人在印度军队的协助下控制了巴勒斯坦，在叙利亚增派了顾问并占据了整个美索不达米亚。当时他们所有的中东殖民地都由英国印度行政部门来管理。你知道它们不是英国的殖民地——它们是"英属印度的托管地"。

他停了片刻，死死地盯住地板，然后又陷入了沉默。我递给他一支烟，他吸了一会儿，看着蓝色的烟雾缓缓升起。

"后来发生了什么事？"我问，"它们接管了之后？"他深深吸了一口气，摇了摇头接着讲了下去。

咳，它们完全占据了帝国原来的疆土。同时英国人在国际论坛上多次公开声明，所有"被解放的"国土，都要在他们所谓的"同意管辖"原则的基础上，由它们自己的国家管理机构管理统治。阿拉伯人相信了他们的话；为了这一诺言，难道他们没有受英国人的引诱去与英国人共同抗击土耳其人吗？别忘了英国人至今仍然还在利用所谓的"阿拉伯的劳伦斯"。所以，1920年3月，在大马士革举行的叙利亚国民大会通过了决议,宣布叙利亚、巴勒斯坦、黎巴嫩独立。伊拉克领导人也立即宣布了伊拉克的独立,并立阿米尔·阿卜杜拉为国王。看到这种局面,英法直接找到国际联盟,国际联盟亲切地给予它们对全部这片领土的托管权。这并不令人吃惊,因为它们毕竟控制了国际联盟。受谁的托管?它们声称"托管"一词只是一个法律上的假定,目的是使它们对新殖民地的控制合法化。

可我们并不接受这一切。费萨尔国王的军队在黎巴嫩边境攻击法军,阿拉伯人在巴勒斯坦反抗犹太人,幼发拉底河中游的人民在反抗英国人。作为回应,法国人占据了整个叙利亚。在伊拉克,英国人没有动用他们的印度武装力量,而是动用了新成立的英国皇家空军来轰炸我们。记得对我曾祖父儿子的婚礼的轰炸吗?同样他们在索马里兰也动用了英国皇家空军。在和英国骆驼部队为期两个月的共同军事行动中,他们推翻了苦行僧首领穆罕默德·本·阿卜杜拉·哈桑的政权,英国人根据他的特征称他为"疯狂的毛拉"。说他疯狂当然是因为他要摆脱英国人的殖民统治。他们通常认为空军对民族主义者的轰炸和扫射是军事行动成功的关键。

他们新上任的热衷于开拓殖民地的大臣温斯顿·丘吉尔很早就意识到了空军在维持帝国主义对英国广阔领土的控制方面的优势。在起义爆发前,他已经调查过动用空军控制伊拉克的可能性。他说,这会涉及使用"某种令人窒息的炸弹,据预测可造成某种残疾但不会致人死亡……用于镇压动乱种族的最初的军事行动"。你不能忘记诸如此类的话。你也不会忘记下面的话。"我无法理解审慎使用毒气炸弹的做法。"他说,"我强烈赞成使用毒气对付那些野蛮的种族。"因此在索马里兰获胜之后,丘吉尔指挥了一场在伊拉克展开的英国皇家空军的军事行动,此次行动与上次类似。结果可想而知。起义的伊拉克人被成功地"安抚"了。他们制造战争并且称之为和平。这对他们而言有区别吗?丘吉尔第二年和"阿拉伯的劳伦斯"去开罗参加了一场有关英国托管地未来的会议,可没有一个阿拉伯人被邀请参加。他们任命了被法国人驱逐出叙利亚的费萨尔为伊拉克的国王。尽管巴格达强烈抵制,但事先安排好的公民投票还是使他当选了。

是的,新成立的英国皇家空军被派出来是要证明它的实力。它只是作为英国武装力量的一个独立分部而创建的。任何人都能看到那种技术在控制远方民族上的优势。轰炸机司令部司令阿瑟·哈里斯爵士——臭名昭著的"轰炸机哈里斯"这样解释道:"阿拉伯人和库尔德人现在明白了真正的轰炸意味着多大的伤亡和损失。四十五分钟之内,整个村子可以被夷为平地,三分之一的村民将被炸死或炸伤。"仅四十五分钟就能消灭一个村庄——战斗力还算不错。因此英国人在英国建立了五个皇家空军中队,在埃及建立了五个,在伊拉克和印度各建立了四个,在远东地区建立了一个。从现在开始我们和他们交战时不会再看清他们长什么样。

是的，在他们除掉土耳其人之后，当我们中的一些人和他们并肩作战时，他们会像恶魔一样从空中返回。几个月以来英国皇家空军的第三十中队一直在我们上空盘旋，炸死了我们的人民，毁了我们的家园，直到印度士兵和英国军官在附近安营驻扎。英国的统治恢复了。

我还有一张宣传图片，这张图片是在我们刚从土耳其的统治下获得"解放"时由他们所做的。这是一张有关"和平行动回顾"的图片。这个和平行动回顾是第一个，因为接下来又有一次失败和胜利。这次是英军对伊拉克的。看看那架飞翔于我们头顶上空的哈维兰9型飞机，它的机关枪向后，随时准备向下面的人扫射，双翼下塞满了四百五十磅重的炸弹。谁是主宰？这里没有给你留下过多的错觉。权力来自空中。看吧。

说到这里，他仔细地在他的公文包里翻找，从中拿出了一张旧的折角的明信片递给我。我盯着它看了一会儿，试图找出其中的意思。根据影子来推断，这肯定是在晚上。一群阿拉伯旁观者正观看一场阅兵。中间，英国军官正站在一排骆驼部队的对面。几面大旗在空中飘扬，此时一架旧的双翼飞机正在他们头顶上方飞翔。我能辨认出图上的法国国旗和英国国旗。

"前面的那面旗是什么旗？"我问道。

那是意大利的海军军舰旗。在那场战争中，他们站在英军一方参战。拿着它吧！这是一件纪念品，可以让你在离开的时候记住这一切。我祖父曾听说他们只是在这里作短暂停留。是的，最终他们在1932年撤离了，但正如在埃及一样，这并不意味着我们真正独立了。只是部分独立而已！我们被迫签署协议，同意让英国控制我们的外交，在巴格达附近的哈巴尼亚和巴士拉附近的舒艾巴保留他们的两个空军基地，在战时随时征用伊拉克军队，保持他们对伊拉克石油公司的彻底控制。它的名称虽然是伊拉克石油公司，但英国政府控制着它，其中根本没有伊拉克人的所有权。根据独立和约的规定，伊拉克石油公司享有在伊拉克的独有勘探权。这些权利在1961年被废除，但公司本身直到1972年由哈桑·巴克尔和萨达姆·侯赛因实行国有化后才真正处于伊拉克人的控制之下。那是一个深得人心的行动。难怪他们不喜欢他！他们想要回他们的石油。他们已经开始谈论，当他们再次占领我们的国家时，哪个公司将会获得这些权利。

他微笑片刻，然后坐回到椅子上，好像他在思考下一次占领的景象。他不再看着我，而是在心中默想着这一切。好像这个故事一旦开始，他就一定要把这个故事讲完，不论他要多少次强迫自己穿越时间的隧道回忆起那些曲折的故事。

英国军队撤离了，但这只是表面现象。我们被告知我们要在他们的指引和控制下管理自己。到了二战期间的紧要关头，当时我们中的一些人指望轴心国把我们从对英国的

图8 和平行动回顾,巴格达,1918年

屈从中解放出来。当总理拉施德·阿里·卡伊莱尼不满英国军队要在伊拉克登陆时，他们就表示要赶总理下台，最后他被迫辞职了。为此拉施德·阿里组织了一场反对亲英的摄政王的政变。但英国拒绝承认他的政府，并要求让更多的军队登陆。随后他们在哈巴尼亚的指挥官攻击了包围基地的伊拉克军队。不久他们占领了巴士拉，夺取了巴格达，使摄政王复位。他们依靠蛮力又一次取得了控制权。在英国大使馆的指引下，新政权着手对武装力量和政府机构进行清理，处死了一些民族主义的同情者或将其送入澳法的拘留营。那就是他们关押我父亲阿布·卡里姆的地方。他在那儿一直待到我长成一个小伙子时才获得自由。

英国和归顺英国的伊拉克政权（就像由英国扶上台的波斯国王和约旦国王一样受到英国的控制）之间的密切关系一直持续到1955年签订《巴格达条约》的时候，该条约是哈希姆王朝与英国之间最后一个阿谀逢迎的协定。第二年是苏伊士运河战争！英军遭到了打击！不久之后，1958年爆发的第二次军事政变将令人憎恨的哈希姆政权推翻了。随之英国对伊拉克的支配力也宣告终结。但是英国的干涉并没结束。最初我们以为再也见不到他们了，因为对他们很温顺的君主没有了，他们的基地没有了，运河的争端也没有了，但他们仍然想获得石油。为什么他们总是回来呢？他们已经夹着尾巴离开了，被解放的国家在万隆显示了自己的威力。后来他们失去了伊朗，萨达姆受到激励把他们赶了出去。我们又将灭亡了。他们又回来了。

现在他们说我们对他们是个"威胁"。但事实难道不正是他们一直在威胁我们吗？是的，他们确实对我们构成了威胁。自20世纪40年代以来他们一直在发展核武器。在此之前很久他们就用化学武器轰炸我们。丘吉尔本人在1923年命令使用芥子气对付伊拉克北部的库尔德人，当时他们因为听说英国背弃承诺，不愿建立一个库尔德人的政权而起义。英国皇家空军用了将近一年半的时间反复攻击库尔德的苏莱曼尼亚城，他们才最终被镇压下去。咳，也不能说最终被镇压下去了。英国皇家空军于1931年又一次轰炸了库尔德人，这时英国正准备使伊拉克"独立"，它在准许独立的同时却没有提到库尔德人在伊拉克的地位。现在你仍然可以遇到那些对20世纪20年代英国皇家空军的机关枪扫射和轰炸记忆犹新的库尔德人。我的朋友易卜拉欣前不久在参观克亚科山时偶遇了一位仍能完整追忆此事的老人。"他们对这里的卡尼亚霍兰进行了轰炸，"老人告诉他，"有时一天轰炸三次。"

当然伊拉克人被认定为是"不负责任的"。别忘了，难道不是萨达姆入侵科威特吗？那是个错误，尽管很多伊拉克人强烈地认为从历史上讲科威特一直就是伊拉克的一部分。无论如何，你非常清楚联军如何在1992年快速动员起来夺回了科威特的主权并收回了开采石油的权利。人们问："他们怎么不会为巴勒斯坦的被占领土做同样的事情？"我们中间只有少数年纪大的人能记得1920年英国人的飞机和装甲车是如何调动起来攻击沙特的部落的，他们当时攻击了英国在伊拉克和外约旦的新"主权"领地。英国人把沙特的一大块领土给了伊拉克的新政府，作为补偿他们又将一些土地移交给了内志（即沙特阿拉伯）的苏丹伊本·沙特。是的，他们给了他科威特三分之二的疆土。

当英国政府武断地判定领土归属时，伊拉克不可避免地要求拥有剩余领土的所有权。科威特最初是奥斯曼帝国一个省的一部分，伊拉克就是由这个省建立起来的。没有它，我们几乎不可能接近波斯湾的水域。英国人在1924年从伊本·沙特那里获得了马安和亚喀巴之间的狭长地带，其理由是它曾经是奥斯曼帝国大马士革省的一部分，因此应该成为巴勒斯坦的一部分。英国人成了判定这次争议谁是谁非的权威。他们的哈希姆君主——加齐国王在20世纪30年代后期首次坚持了伊拉克对科威特的所有权，当时科威特是英国的一个殖民地。然而英国人和科威特的酋长早在1899年就签署了保护协议。因此在奥斯曼帝国崩溃时，英国在科威特创建了一个独立的傀儡政权，将它从奥斯曼帝国的巴士拉省分离出来。当伊拉克的军官领袖阿布达勒·卡西姆在1961年再次提出对科威特的所有权，要求科威特摆脱英国统治时，英方立刻派来了军队。三十年后他们又回来了。轰炸也会重新开始。

是的，我们对他们是一个威胁。每次我们掰开面包，数以千计的英国人会处于被我们咀嚼的险境。每次当我咀嚼葡萄或蜜枣，吮吸桑葚或杏子时，在英国的某个人一定会因恐惧而浑身发抖。每次当我儿子爬上树去找无花果，优雅威严的英国绅士就会处于险境。我们想过一种属于我们自己的生活，没有他们的干涉。有一天晚上在电视上我听到一个伊拉克老人说："他们拥有一切，而我们一无所有。我们不想从他们那儿得到任何东西，而他们却总想着要从我们这儿得到更多的东西。"我们所要求的就是让他们停止干涉我们的事务。自1920年以来我们没有轰炸过他们而是他们一直在轰炸我们。他们从来就没有想过这一点吗？我们从来不会让他们心生不安。他们好像认为这是上天赋予他们的权利。或者这是不是他们的另一种人权，一种轰炸他国的权利？当然这种权利不是由我们的真主赋予的，感谢真主。自从他们的空军成立以来，他们想什么时候轰炸我们就什么时候轰炸我们。可他们仍然声称我们对他们是一种威胁。几十年来，什么时候我们使他们不高兴或触犯了他们的利益，他们就通过一次次的轰炸一直在屠杀我们。我想我们的问题是我们从来不是容易被控制的。我们与有的中东国家不一样，并不是他们想要什么就给他们什么。因此他们不断地来轰炸我们，而我们一再地从他们手中挣脱。他们不会征服我们，也从不会"平定"我们——即使他们一直坚持这样去做。

　　几年前，也就是1998年斋月的前两天，我们全家都在巴格达的公寓里睡觉。我们那栋公寓很高，正对着扎乌拉公园，俯瞰圣曼苏尔雕像。在我们准备起床做晨祷之前的几个小时里，警报突然响了，炸弹落在我们周围，他们那不祥的炸弹像焰火般将天空照亮。前脸用白粉刷过的建筑物和桥梁突然被炸塌了，就像沙堡在潮水到来时塌掉一样。从那时起他们创立了"禁飞区"，他们没有真正停止过。他们消失的时候，土耳其人就飞过来轰炸库尔德人——库尔德人可正是他们的禁飞区应该保护的人。英国人自己承认，在过去的一年里他们至少每隔一天就轰炸我们一次。这是他们自二战以来持续时间最长的轰炸。如今他们扬言他们又要回来了，又来毁坏我们的家园，改换我们的政府，这样的事情他们已经做过无数次了。为什么这么多年来他们从那么遥远的地方飞冲向我们？为什么我们引起了他们这么大的兴趣？因为我们有"他们的"石油。这就是从1920年至今始终没有消失的真正的威胁。

我经常感到困惑，如果我们时不时地在英国轰炸他们，一代接一代地轰炸，他们会是何种感受？如果时机适合我们就改换他们的政府，毁坏他们的医院，让他们没有净水喝，杀死他们的孩子和家人，他们又会是何种感受？现在多少个孩子死掉了？我想都不敢想。他们说他们的帝国时代已经结束了。当你听到空中的燃烧弹发出的断断续续的爆炸声时，你就不会这样想了。或者当你躺在床上，炸弹把你和孩子周围的建筑物炸得直晃动时，你就不会那样认为了。正是在那一时刻你会梦想真正的自由——托靠真主——远离英国皇家空军的自由。

第三章

空间与土地

无地状态:"塞韦里诺的生与死"

据《牛津英语词典》记载,"无地状态"这个词在英语中只被写过一次,1851年赫尔曼·麦尔维尔曾写道:"在无地状态中存有最高真理。"因此,这种情况似乎不单单是盎格鲁-撒克逊人的问题。无地状态是许多其他社会,包括一些居住在盎格鲁-撒克逊国家的普通百姓每天不得不面对的最直接和最重要的问题。在许多先前被殖民过的国家,殖民者把居住在某一土地上的人们赶出家园,建立起了大农场和自己的住房。其中一些被掠夺了土地的人们的子孙,时至今日还处在手无寸土、贫穷无助、居无定所的状态之中。因为没有用以耕作的土地,这些穷人唯一的选择是流浪到大城市的贫民窟度日。然而,平民窟的救济所也是岌岌可危,比如种族隔离时期的南非或者是与其同时期的孟买。

以巴西为例可以更清楚地揭示这一点。巴西的国民生产总值位列世界第九,但巴西同时也是世界上收入分配最不平均的国家。该国百分之三的人口控制着可耕地面积的三分之二,其中百分之六十的土地却处于闲置状态。在极端困乏的条件下生活的人们，特别是在巴西最贫穷的地区累西腓州生活的人们发动过许多反抗活动，发起组建了农民联盟，开展了革命运动和游击运动。就在不久前，那里的人们做出了一个与众不同的政治回应，他们成立了一个新的组织——无地农民运动。针对大片土地被极少数人占有的状况，无地农民运动不仅反对这种失衡的状况，而且打出了"占领失地、积极抵抗、扩大生产"的口号，用以鼓舞巴西一千二百万无地劳工占领未被耕作的土地。无地农民运动是世界上最大的基层群众组织之一，如今在无地农民运动的领导下，已有超过二十五万个家庭赢得了一千五百多万英亩土地的所有权。成千上万个家庭在等待着政府认可他们的定居权。在此过程中，在农民、地主和警察之间，冲突还频有发生。

无地农民运动的一贯工作原则是集体性和社团性。该组织从一开始就在其定居地建立了食物合作组织和小学，并进行了扫盲教育。所有的农场在运作时都考虑到环境保护问题：无地农民运动生产的有机种子在拉丁美洲是独一的。该组织也注重保健问题，它还从整体角度考虑，认为健康问题不仅仅是一个就医的问题，还涉及生存环境、卫生清洁和全民福利。这一有关健康的概念包括个人生存的社会环境。无地农民运动是这样说的：

> 由此，健康问题是关于你如何居住，在哪里居住，你吃什么，以及如何谋生的问题。健康就是身体感觉良好，心态平和，家居生活充满尊重和友爱，人人平等，人与自然和谐相处，社会充满平等和正义。

图9 玛丽亚·达·席尔瓦和自己八个孩子中的四个孩子在一起,她和她的丈夫瓦尔德马住在由安赫毕的无地农民运动建成的寮屋里,地处离圣保罗一百三十英里的新卡努杜斯,巴西,1999年7月30日

　　值得注意的是,这不仅仅是后殖民所乐于分享的一个关于健康的政治问题,而且它也是无地农民运动发展社区大众生活整体规划的远景目标的一部分。

　　1997年,在试图通过传统政治渠道重新获得政治主动权和土地改革控制权的一次尝试中,巴西政府在世界银行提供的一亿五千万美元的特别支持下,启动了一项以市场为基础的土地改革替代方案,即《土地规划方案》,以此来挑战无地农民运动。方案计划高息贷款给无地的人们以便他们用来购买土地,该方案由站在地主一边的区域委员会进行管理。因为世界银行站在地主一边干涉一个国家的内政，所以该方案受到了广泛的批评。不过无地农民运动在反对该方案的过程中变得越来越强大。世界银行干预巴西政治产生了始料不及的结果：路易斯·伊纳西奥·达席尔瓦，这位被民众亲切地称为卢拉的人于2002年11月当选巴西总统。卢拉出身于累西腓州的一个赤贫家庭，小学未毕业就辍学了，可他后来成长为一个工会的领导以及劳工党的创立者。他在当选致辞中清楚地表达了他在施政时要优先解决的问题：

> 我执政的第一年将重点向饥饿开战。我呼吁巴西没有饭吃的人要团结一致。

从许多方面来看，无地农民运动都可算作后殖民政治活动的典范：组织一场基层群众运动来反对一个由地方强权和国际权力机构——银行、商业、投资基金所支持的不公正的体系，反对物质的不平等占有。这些国际权力机构妄图使全球的经济市场保持现状。无地农民运动建立在集体基础之上，代表普通人的福利，而且如我们所看到的那样，它关注土地占用和更广阔的社会问题层面，其中包括了妇女地位问题、儿童福利问题、保健问题、教育问题以及提高生存环境质量问题。这样，无地农民运动就必须从地方做起，不仅要面对地主和地方政府、中央政府中的反对者，而且要直接面对世界银行中的反对者，这就意味着它必须从一个更广阔的角度来考虑问题，在一个更大的平台上和更广阔的公共空间里为自己的主张而战斗。正因为如此，和无地农民运动一样的其他各种运动都要与其他国家中与自己的情况相当的运动组织联系起来，比如菲律宾农会——一个由无地农民、小农场主、农业工人、勉强糊口的渔业工人、农村妇女和农村青年所组成的全国性的联盟，同时还要联系更大规模的全球性社会运动，如全球人民行动组织——一个广泛的抵抗运动联盟，它反对世界贸易组织强加的不平等。全球人民行动组织发起了全球人民行动日，旨在对抗全球资本主义和"市场中的独裁"，它先后在世界贸易组织、八国集团、世界银行开会期间，在日内瓦、西雅图、布拉格组织活动，十分成功地绕过了那些传统渠道，而以往只有本国政府的代表才能代表人民说话。既然第三世界国家的政府面对八国集团的利益显得软弱无力，那么全球人民行动组织则直接领导大众行动，产生了相当大的影响。

无地农民运动还与部族运动相结合。土著居民，如巴西的瓜拉尼人、马库希人和希库鲁人正在努力夺回被大农场主和金矿矿主抢走的土地所有权。无地状态对于全球数以百万计的人们来说仍然是政治上的核心问题，长期以来它就是政治反抗和农民暴动的焦点。当前墨西哥的萨帕塔运动秉承1910年萨帕塔农民革命的遗志，继续反对那些掠夺了他们的土地的大地主和大牧场主。1913年的《南非土著居民土地法》规定，除了农业工人，其他非洲人不得拥有或占用"计划的土著区域"以外的土地。该法案导致了许多人无家可归，失去了谋生手段。在印度，农民或部族为获得土地发起运动和起义，其反抗地主控制土地的管辖制的行动就从来没有间断过，从殖民地时期到独立时期，从甘地领导的印度农民运动到毛泽东领导的农民武装夺取政权。

　　既无土地又无财产是殖民地居民的一个典型特征，而且一直是历史上最难解决的难题。1972年澳大利亚的土著居民和托雷斯海峡的岛民在堪培拉国会山的草坪上搭建了他们著名的"帐篷使馆"——一座简陋的棚屋，这很有效地宣传了他们对土地所有权的主张。"原住民的土地权"一直是北美洲的土著居民、印度的土著居民、津巴布韦没有财产的非洲农民主要关注的问题，非洲农民一直在为《阿布贾宣言》中体现的基本的土地权而斗争。要求收回失去的国土是巴勒斯坦的中心问题。

　　这些就是后殖民斗争，通常都涉及土地占用的后果。土地占用问题是殖民强国最平常但却是最重要的特征之一。所谓的"土地所有权问题"对于西方革命者来说并没有什么大不了，但对于拥有三大洲视角的人（比如毛泽东、法农、格瓦拉、副司令马科斯）来说，却是一个主要的政治主题，这是令人吃惊的。思考无地状态就是思考农民问题，就是思考涉及世界上最贫穷的人的问题。毫无疑问，现实情形是今天我们更多想到的是无地的农民，而不是20世纪60年代的乡村游击队的身影。无论如何，从哥伦比亚到秘鲁，从尼泊尔到印度北部的阿萨姆邦，土地所有权改革的必要性在持续的农民革命运动中始终占据着中心地位。

　　　　辛苦劳作的人啊，受着非人的剥削。这些穷苦人在监工和皮鞭下，很少被当作人来看，也许从未被当作人来看。

从独立的曙光照耀他们开始，命运一直没有改变过：印第安人、加乌乔牧人、美斯蒂索人、印第安人与黑人的混血人种、白人与半白人的混血人种、没有财产或收入的白人。正是由这些大众构成了"国家"，而他们却从未从中获益……他们仍然死于饥饿，死于可治愈的疾病，死于冷漠，因为他们从没有足够的生活必需品：普通的面包、病床、治病的药物、伸出的援手——他们的命运一直如此。

但如今……这群无名的大众，这个有色的、阴郁的、沉默的美洲，在整个美洲大陆带着同样的悲伤和失望吟唱。今天这个群体开始全面进入了自己的历史，开始用鲜血书写自己的历史，开始为历史受难，为它牺牲……

的确如此，现在历史将不得不把美洲的穷苦人写进历史，身受剥削、遭受不屑的拉丁美洲人民决心开始书写自己的历史了。

《第二个哈瓦那宣言》，古巴人民，哈瓦那，古巴，

美洲自由区，1962年2月4日

流浪者

南亚的殖民地的政权不同于衍生它的资产阶级宗主国的国家政权，事实上是根本不同。这种不同存在于这样

一个事实当中：资产阶级宗主国的统治建立在一种权力关系的基础上，具有支配控制的特点，所以其统治就具有说服重于压服的特征；而殖民地国家的情况却相反，殖民地的政权没有支配控制力，在这里的统治框架内，压服重于说服……由于殖民地的政权不具有支配控制力，它也就不可能把被殖民地区的文明社会吸纳进来。我们通过这些事实表明殖民地政权的特征是**不具支配控制力的统治**。

拉纳吉特·古哈，《不具支配控制力的统治》（1997）

　　无地状态指的是一个人因为被驱逐而处于无地状态。无地状态意味着土地丧失，失去土地。你与土地的关系决定了你是否处于无地状态。根据17世纪英国哲学家约翰·洛克的观点，欧洲人认为游牧者从来就不拥有土地，这就是为什么殖民者能够宣称对空地的占有权。这就是为什么"原住民的土地权"这一概念具有如此超乎寻常的复杂性。战争期间，在这一点上就出现了对立，不仅仅是两类人的对立，也是认识论上的对立。正如批评家、法律历史学家艾里克·谢菲茨曾经十分有力地指出的那样，欧洲人带有一种与生俱来的财产观念，一种拥有和占有财产的观念。这种观念与那些不能被同化到这个系统中的观念存在根本对立。游牧者在土地上游牧，与土地关联紧密，但从不把自己与土地的关系变成财产或占有关系。这是一种相当神圣的祖传的关系。

法国哲学家吉尔·德勒兹和费利克斯·加塔里曾经对土地的占用过程以及从先前使用该土地的人——不论使用人是否拥有该土地的所有权——手中没收土地的过程进行了概念化的归纳。他们称之为"辖域化"和"解辖域化"。第三个阶段是"再辖域化",描绘了殖民主义或帝国主义粗暴地对本土文化所进行的经济、文化和社会转型,同时刻画了通过反殖民运动成功地抵制"解辖域化"的过程。在后殖民国家还产生了其他的抵制形式:与政府进行富于战斗性的谈判,比如无地农民运动,或者甚至是通过简单地赎买而拥有土地,比如在美国中西部正在发生的事情。19世纪的殖民定居者通过国家的土地法而拥有了这些土地,后来部分是因为农业衰退,部分是因为土地本身并不如美国政府所估计的那样富饶,无法进行集约耕作,因而毫无实际价值,最终被抛弃了。

德勒兹和加塔里还从战略的角度对游牧者的概念进行了进一步的界定。他们认为游牧者能最有效地反抗资本主义政府机构的控制。从西班牙到瑞士,欧洲关于吉普赛人或"旅行者"的报告都可以提供生动的例证。在过去的几百年里,各国政府就把这种永远处于流动状态的人群视为严重的威胁,认为需要对其严加干涉,使其稳定下来,才能对其加以控制。

德勒兹和加塔里认为,可以把流浪的意义延伸到包括了所有越过或是消解了当时社会规范边界的文化和政治活动。更直白地说,流浪是一种跨越地区的迁移实践,它单方面地跨越边境,以此来藐视区域统治势力所宣称的控制权。"恐怖主义"现在正迅速地发展成为跨国的网络体系，它是与流浪有关的典型政治活动的一个极端的例子。然而无地状态提醒我们，流浪不能被简单地颂扬为一种反资本主义的策略，理由很简单，流浪也是资本主义自身的一个典型的野蛮特征。资本主义历史上发生的圈地运动，就曾迫使农村土地上的居民向着城市里仅有的工作（如果有的话）涌去。在反殖民和后殖民的历史中，流浪者不单指那些仍然保持着资本主义前期生存方式的人：过去的两个世纪里，流浪是数以百万计的人不得不接受的生存状态。无地状态是全世界众多农民群体共同关心的一个中心问题，世界上有两千万难民，他们在物质层面上手无寸土，它们的政府也处于无地状态——无国、无家、没有土地。

　　一些西方后现代主义者曾试图把流浪和移民描述为文化身份最具生产价值的形式，与认为身份源自身体对家庭和土地的附属的观点相反，它强调了身份的创造性作用。这对于四海为家的知识分子也许有好处，但对于有两百五十万阿富汗难民（约占世界难民总数的百分之十二）的奎达、贾洛扎和巴基斯坦的其他地方的难民营来说，对于约旦河西岸，对于法国的现已关闭的桑加特难民营来说，这种后现代的"移民"身份又有什么好庆祝的呢？对于那四百六十名以阿富汗人为主的难民来说，这种移民身份又有什么好庆祝的呢？他们被关在挪威的一艘名为"坦帕号"的货船里达八天之久。在澳大利亚政府拒绝他们登岸后，他们又被送到了太平洋的一个贫瘠的小岛上，这里是世界上最小的共和国瑙鲁。这里有三百米长的棕榈树带和废弃的磷酸盐矿。

他们在这里登陆，每人手上抱着一个黑色的塑料垃圾袋，里面装着他们的物品。这有什么好庆祝的吗？澳大利亚政府付给了瑙鲁大约一千五百万澳元，以避免这四百六十名难民入境（人均约三十六万澳元）。

或许他们是幸运的，至少他们没有被关进澳大利亚臭名昭著的伍默拉羁留中心。那里处于沙漠的中部，离最近的城市也有三百英里远，并且白天温度高达四十二摄氏度。2002年1月，被送到那里的数以百计的阿富汗难民举行了绝食抗议，其中有至少七十人缝住了自己的嘴唇，以引起人们对他们的苦境的关注。其他人包括一些孩子试图集体自杀。一个十二岁的女孩告诉调查人员：

> 我快疯了，我割破了我的手。我不能跟母亲说话。我不能跟任何人说话。我太累了。我没有解决办法，我只能自杀——别无选择。

伍默拉羁留中心是由澳大拉西亚惩教管理有限公司经营的，它是设在美国的瓦肯赫监管公司的一个分支机构。

困在洞中的人们

> "我们会把他们熏出来。"
>
> 美国追捕阿富汗"基地"组织时乔治·布什的讲话

1840年：巴黎

观众正成群结队地前往法兰西喜剧院观看高乃依的《滑稽的幻想》。这部戏在很大程度上借鉴了莎士比亚的《暴风雨》，它把剧情从加勒比海的一个小岛搬到了法国的某个山洞。高乃依援引了柏拉图的著名意象来说明他的观点：我们所看到的世界上的一切——物质现实——不过是场虚幻，它掩盖或伪装了理念世界。柏拉图为了说明自己的观点，使用了一个比喻——人们站在洞里。人们背对着外部的真实世界站着，他们所认为的真实世界实际上只是真实世界映在洞壁上的不断变化的一些模糊的影子而已。在《滑稽的幻想》中高乃依为了喜剧效果而使用了这个比喻：整个舞台变成了山洞，观众代表真实世界。或者恰恰相反？剧中的主角普里德曼被音乐师阿康德的幻影所蒙蔽，在幻想中普里德曼看到了失踪的儿子变成了富人，一副王子的穿着打扮。然而令普里德曼惊恐的是，在最后一场他看到了儿子被谋杀的场面。在极度绝望中，他从幻觉中看到儿子似乎又活了过来，与那群谋杀他的人一起分一堆金子。阿康德告诉他实际上他儿子根本不是什么王子，而是个演员，刚才的那些不过是他在戏里的表演。这样，观众愉悦满足地离开了剧院，高乃依高超的舞台技巧展示出一个充满自觉意识的、令人信服的、镜厅一般的假象。可是观众同样也被骗了！富有魔力的舞台美学艺术、富有创造力的想象以及那种能使想象与真实相互转换的能力，使观众在回到他们分布在巴黎各处的安乐窝时，还意犹未尽。在梦里他们还在津津有味地品味他们富于诗意的想象、普洛斯彼罗的虚幻盛典和"一场没有结局的大戏"。

1840年：巴黎南部九百英里处，阿尔及尔南部的乡村

他们排着队在看不清边缘的沙漠小路上缓慢地移动，脚踝被低矮灌木的小尖刺刺得通红，然后又被沙土烫脱了皮。他们爬过陡峭的峡谷，终于找到了洞穴。他们很快走进洞里。黑暗立刻裹住了每个人，洞中的潮气随着他们在冷空气中的呼吸在鼻孔处变成白气。眼睛逐渐适应了黑暗，他们开始在黑暗中看到了闪光和微光。山洞的表面闪烁着微光，熟悉的形状渐渐浮现在他们的眼前。黑暗冰冷的洞穴让人觉得潮湿，但这里没有明显的水源。干渴的喉咙感到阵阵灼烧般的强烈刺痛，所以一些人向洞穴的深处走去，以便得到更多水汽，确实他们可以听到某处微弱的滴水声。其他人焦虑地回到洞口看看外面的地平线，看看下面的大地，看看头顶的天空。什么都没有，只有强风吹来和吹打稀疏灌木的声音在他们的耳边响起。他们又回到洞里，这时他们发现其他人在生火，在找地方睡觉，有人已经睡着了。

他们醒来的时候，天还是黑的。天黑得什么都看不见。他们先闻到了一股烟味，然后空气变得越来越呛人。最年长的老人起来走到洞口。他向前走，但找不到出口。他踏着地上的碎石向上爬去，可是最后头顶碰到了洞顶。洞口被封死了。浓烟像水一样从石头缝里钻了进来，变得越来越浓，越来越呛人。他们的窒息过程是缓慢的，先是眼睛生疼，然后是呼吸困难，肺部疼痛，而大

口呼吸的结果是吸入了更多呛人的浓烟。

比戈将军承担着征服阿尔及利亚的任务。法国入侵阿尔及利亚十年以后，局势仍然动荡不定。比戈采用了掳掠、烧毁一切、鞭打和火焚的策略。所有敢抵抗或是被怀疑抵抗的人都被处决了。今天他追逐一个难对付的部落来到了这个山洞。他封死了洞口，然后往里灌烟，要闷死洞里的人。他在日志中写道：

> 我把所有的出口都封死了，这样我造了个大坟墓。沙土最终会把这些盲信者的尸体埋住。没有人下到洞里去，没有人……只有我知道这底下埋着五百名土匪，他们再也没机会来割法国人的喉咙了。

直到20世纪50年代，也就是一个世纪之后，与比戈的时代相比，这里的一切都没有什么变化。在阿尔及利亚独立战争期间，法国人仍然为活埋阿尔及利亚人而欢呼雀跃，这时法国人使用的是推土机。

2002年：阿富汗

这篇来自英国广播公司网页的新闻讲的是在阿富汗的美军遭到了严重的抵抗：

2002年3月2日，星期六，格林尼治标准时间23：42

阿富汗的洞穴遭到了高压弹的轰炸

在地面攻击陷入困境后，美军在阿富汗东部山区投下了两枚破坏性很强的高压气浪炸弹，美军怀疑该地区是塔利班和"基地"组织的藏身之地。

美国国防信息部门宣称美国拥有两枚重达两千磅（九百零七公斤）的可以在洞穴产生窒息气浪的"温压"炸弹，正准备把炸弹投向敌军藏身的山洞。

美国在12月试爆了温压炸弹，美国官员称炸弹将在一月内很快运抵阿富汗，用于清除反美分子沙特人奥萨马·本·拉登。

激光制导炸弹的内部装有特殊的爆炸混合物，可以产生高压气浪，把洞穴中的空气推出来，从而使洞中的人窒息而死。

俄罗斯曾经在车臣使用过类似的燃烧空气炸弹，并曾引发了国际抗议。

"一场没有结局的大戏"

从1840年到现在，洞穴经常是西方对伊斯兰世界的干涉事件的发生之地，那里上演了"一场没有结局的大戏"。活埋、镇压、引起窒息（把男人、女人和孩子们肺里的空气吸干），今天这些已经变成了一个对殖民地本身进行镇压的隐喻——殖民地所需的空气已被吸干。西方世界喜欢把这样的时刻轻描淡写地说成是"殖民遭遇"，如今窒息而死和殖民暴力已经成了回忆和纪念。

就在西方对殖民地进行残酷镇压的同时，西方人还在继续去剧院看戏。他们总说艺术与政治没有关系。以美学来划分世界是摩尼教的观念，或者是殖民色彩和等级意识很强的二元观念，革命心理学家弗朗兹·法农在《全世界受苦的人》（1961）一书的开篇就对这些观念进行了区分。法农说，它们的"美学表达遵从的是现已确立的秩序，在资本主义国家里一大批德育教师、大学教授、顾问和'迷失方向的人'（即昏头昏脑的人）总是把被剥削的人与掌握权力的人区分开来"。作为知识分子、艺术家、文化的消费者或生产者，你要么与定了型的审美观（这种审美观加强了两种人之间的区分）同流合污，要么与其竞争，比如把剧院变成一个反抗的场所。

下面所有这一切都代表着后殖民批评中的基本思想的转向：认识到维系西方财富和利益的野蛮军事力量与其美学生活相联系；认识到从另一个不同的视角去看待《所罗门宝藏》（1885），洞穴恐怕就不一定会引发人们兴奋的想象，或者从另一个不同的视角去看待《印度之行》（1924）里的马拉巴山洞，就不一定会引发精神和性文化的困惑，就会发现其中到处是窒息和殖民暴力的记忆。迈克尔·翁达杰在《英国病人》（1992）的结尾处描绘了凯瑟琳的死亡过程，她的死从反面表现了这种不和谐：在克比尔高原的欧维纳特山脉的游泳者洞穴里，石壁上刻着根据崇高美学思想画成的古老人像，在这些画像之下，这个英国女人在冰冷的黑暗中裹在降落伞里躺着死去了，这个残酷的欧洲战争的牺牲品在满眼是沙漠的环境中演完了自己人生最后的角色。

我现在最感兴趣的事情,就是建议大家关注这样一个事实:"真正的"知识从根本上讲是非政治性的(反之,具有太多政治内涵的知识则不是"真正的"知识),这一自由观点被人们广泛接受,但却忽视了知识产生于严密的政治情境之中(尽管很隐蔽)。今天,人们可以随意地将形容词短语"有政治色彩的"作为标签不怀好意地贴在任何敢于违反所谓的政治客观性协定的作品上,在这一时代即使认识到这一点也不会有什么帮助。

爱德华·W.萨义德,《东方主义》(1978)

未决状态:国家与其边境

印度政府称"印度外围的边界既不正确也不真实"。

印度地图上的说明

除了边境以外有没有什么东西真正地构成了国家?有些"国家"没有有形的边境,比如加拿大境内最早的国家(那些北美洲的土著人宁愿选用这个称呼,也不愿意选用"第四世界"这个更常用的术语),再比如"伊斯兰国家"(这个"国家"可以在某种程度上管辖它自己的边境)。边境限制了国家的疆域,在一定的空间内,国家的基础设施、政府、税款征收体系得以运行。国家是一种合作组织，边境的存在使其他国家认可其为一个国家，国家派出外交代表，参与到全球的国家团体中来。这个国家团体是一个没有公共价值观的团体。

地球上的疆土分布就像是一幅由许多国家组成的镶嵌作品。或者说是由许多政权组成的镶嵌作品？是什么使一个政权成为一个国家？政权和国家必须合二为一吗？政权的问题是，是什么使其权威合法化了（拥有天授神权的君主除外）。1789年法国人发现，国家的观念以一种理想的方式履行着这一功能。国家如同一个巨大的公司，国家的公民别无选择地归属于它，就这样，国家变成了一个真空地带，潜在的各种形式的认同都可以填充进来，比如种族、宗教、语言、文化、历史和土地，那么是什么使你成了你的国家的一部分呢？

人们过去常常这样假设，要想成为真正的国家，那么它的人民应该尽可能相似。如果一个国家的人民外表不同、语言不同、宗教不同，那么这种不同将会威胁到这个国家的"想象的共同体"（这一概念最早是由政治理论家本尼迪克特·安德森总结出的）。有许多人，许多种语言，许多种文化为此受到了国家的压制。美国这个移民国家在解决如何使万众归一的问题上做了有趣的尝试。首先，美国的每个人都有一个共同点，那就是，他或他的先人都是作为移民来到此地的，当然令人难堪的是，这并不适用于美洲大陆的土著人，他们为了给新来者腾出地方居住，或者被驱逐或者被灭族。其次，与大多数国家不同，事实上美国与其旧帝国的情况又非常相似，那就是美国大片的陆地是独立存在的，并不与别的大陆相连，而是分布于其他国家和大洋之间（这可能就是为什么美国人在所谓的世界联赛中使用"世界"这个词来代指美国的原因）。美国与土地、历史、文化缺乏传统联系，这可以解释为什么美国要从其自由政权的意识形态（民主、自由、自由经营的资本主义）中衍生出一个使其与众不同的身份，为什么美国不得不创造出一些被妖魔化的、据说对其生存构成威胁的敌人（这些被妖魔化的敌人相继是：巫师、中国移民、共产主义、拒绝说官方语言英语的西班牙裔美国人、说黑人英语的非裔美国人、非洲杀人蜂、伊斯兰教……）。这些敌人让不同的美国人感受到了集体的威胁，并使大家团结一致起来。

美国的这些共同的价值观都从在美国各地飘扬的美国国旗上体现出来了。美国国旗随处可见，任何可以想到、可能的甚至不可能的地方都插有美国国旗，例如门前的草坪、车窗、建筑物的侧面、公司网站。美国的意识形态表现为共同的生活方式，这些生活方式使美国凝聚在一起成为一个国家。垄断资本主义的扩散使大多数美国的城市极为相似。美国不仅有遍及世界各地的麦当劳，还有沃尔玛、JC Penney百货零售公司、维益公司、Chick-fil-A快餐连锁店、邓肯甜甜圈、IHOP烤饼连锁店、Friendly's餐饮公司、史泰博办公用品公司、Office Max办公用品公司等。在美国，无论你走在哪条路上都能知道你在哪儿。正是因为美国人的生活是如此一致，所以从20世纪60年代开始美国社会开始容忍少数族裔的人们宣扬身份的不同，但这种容忍有一定的限度，这样一来任何居于美国的人都不得不被吸纳进来直至最后变得与

"美国人"一致。然而，在美国有一种不同是显而易见的，那就是经济上的不同：美国有许多富人，也有许多穷人，事实上有许许多多的穷人。坚持不同的文化掩盖了一些裂痕，但是也成功地使人们对贫富差距习以为常。

是的，这种国民身份的同质化在美国很成功。它确实允许了某些种类的差异存在。后殖民政权的错误在于，它选择了德国浪漫主义时期提出并被德国纳粹政权所采用的国家理论，并把这一理论作为建国的唯一方式：国家由语言、历史、文化和种族相同的民族构成。虽然此种模式有利于巩固政权，也有利于在反殖民运动中实现共同的目标，但是在独立之后，用国家监督的手段稳定和强制推行这种模式，在总体上会导致灾难性的后果。民族主义具有两面性：独立前是好的，独立后则变坏了。这种矛盾则意味着后殖民主义本身可能被当代各种各样的文化民族主义挪用，尽管这与其理论初衷相悖。

印度的印度教复兴运动以重回古印度文明黄金时代的思想为指导，坚持对希望独立的少数民族地区拥有不可剥夺的主权（显然包括印控克什米尔地区，还包括印度整个东北边界的那些"限制区域"，这些区域不被列入给外国人发放的旅游签证的范围之内）。印度教复兴运动是新近的民族运动，它要实现的是源自19世纪德国的民族单一化理念的民族同质化幻想。如果你对这种关联有疑问，那就问一问为什么新近印刷出来的希特勒的《我的奋斗》能在印度北方和马哈拉施特拉邦的大街上到处售卖。同质化的目标就是要实现印度化，就是要建立一个印度教国家，一个纯粹的印度教国家,而这样的纯印度教国家将会把少数族裔人口,比如穆斯林或基督徒消灭或者排除在外,并且同时把达利特人(贱民)和原住民(部落)永久归于其种姓等级制度之内。印度教复兴运动想学邻国斯里兰卡,并仍然紧抓着内战后冷酷的同质化不放手,但是,在实践上,这个排他性的运动——"只有僧伽罗语"运动最初是在1956年S.W.R.D.班达拉奈克在全民普选胜利之后被用来对付泰米尔人的。西方人总是想当然地认为,西方的民主体系一定是适用于世界上任何国家的最好的政治体系。然而,在许多国家有着截然不同的民族,在这样的国家里个人湮没于占绝大多数的人群之中,民主会变成一种被大众以民主方式认可的暴政与压迫。在这样的国家,少数人没有合法的政治渠道去反对多数人的暴政。你自己数数看有哪些国家。

然而,这些压制性的民族主义计划并不必然产生于内部。正如本尼迪克特·安德森所指出的那样,民族主义通常是由那些离开了国家的人所创造的。这些人过着安逸、富足的流亡生活,热衷于在一个遥远的未来重建那种被他们理想化的过去的辉煌。这难道不是边境之外的流散民族在建立一个国家吗?思乡怀旧的文化思想是全球化影响的结果,它使得那些远离故土但又从来不接触国家日常生活现实的人产生了这种思乡怀旧的文化想象。据一份2002年发表的广泛引证的报告统计,印度教复兴运动在印度的燎原之势与印度过去几十年中大多数的教派暴力行为有关,而其资金大量来自一个位于马里兰州的美国慈善机构——印度发展救济基金会,尽管美国法律禁止这样的慈善机构参与政治活动。就这样，这些来自美国的、没有住在印度的印度人花钱使过去理想化的辉煌与现存的印度政府以及非政府组织的暴力产生了联系。单一民族观必将带来种族主义和褊狭，使得后殖民时期的知识分子，特别是来自印度的知识分子对国家有着不同的想法。他们支持另一种对国家的解释，主张国家不是发端于它理想化的过去，而是发端于它的现状，他们关注的是国家作为一种压迫力量是如何行使其权力的。这意味着他们需要从碎片的角度对后殖民或后帝国主义国家进行思考。所谓碎片就是指那些不能被轻易地归入某一国家的人或部分，他们存在于社会的边缘和外围。他们又构成了国家理解自身的一个渠道。

国家常常被理想化成一个女性的形象，民族主义的意识形态常常赋予民族核心以理想的、男性眼中的理想化的女性形象。但当这样的事情发生时，女性，如弗吉尼亚·伍尔夫笔下的女性却没有了国家。女性、难民、寻求避难者……整个20世纪女性通过建立跨国组织，一直在为反对父权民族主义而奋斗。1917年推翻俄国沙皇的起义就是以国际妇女节的示威为开端的。支持女性参政的著名人士希尔维亚·潘克赫斯特成了1920年在莫斯科召开的第一届国际劳动妇女大会的代表中的一员。如果说20世纪上半叶的许多国际妇女运动和工会运动是在苏维埃共产国际的框架内组织起来的，那么之后几十年里妇女运动的壮大则是由联合国妇女十年（1975年到1985年）领导的。许多跨国妇女运动都是那时在联合国的框架内发展起来的，其中以国际妇女同盟最为著名。许多其他妇女组织也独立发展了起来，比如新时期妇女发展选择（在拉丁美洲、加勒比海、亚洲等地设有分支机构），还有生活在各种伊斯兰教律法下的女性国际团结网络委员会，以及地中海妇女联合会（其成员主要来自非洲北部和地中海东部地区）。跨国运动与抵抗运动的跨国联合在整个20世纪都是应对父权民族帝国主义最有效的方式。

抵抗殖民压迫或国家压迫的最好方式就是突破边界的限制，向外扩展。

一些国家试图把自己的一些碎片清除出去，而另外一些国家却是由碎片组成的，比如印度尼西亚就是由荷兰人、日本人和爪哇人从不易控制的多样性中建立的，这种多样性现在仍不时威胁到国家的完整。有的国家每天都在生死边缘徘徊，比如巴勒斯坦就是这样。《奥斯陆协议》签订之后巴勒斯坦的地图就像一个多云夜晚的天空。如同分散的星星之间存有大片空隙一样，数以千计的印尼岛屿之间是空旷的大海，巴勒斯坦地图上的星星之间是军事检查站和由以色列控制的地区。

这些由零星的土地组成的控制区严格地讲能说是国家、政权和祖国吗？这幅地图使人回想起早期的殖民政权：南非种族隔离时期的班图斯坦，那块小小的黑人居住地就是他们所谓的独立的"黑人家园"。

墙

多数国家依赖封闭的边境。如果边境处于开放的、可渗透的状态，那么这个国家的人就不容易被控制。他们可以离开，别人

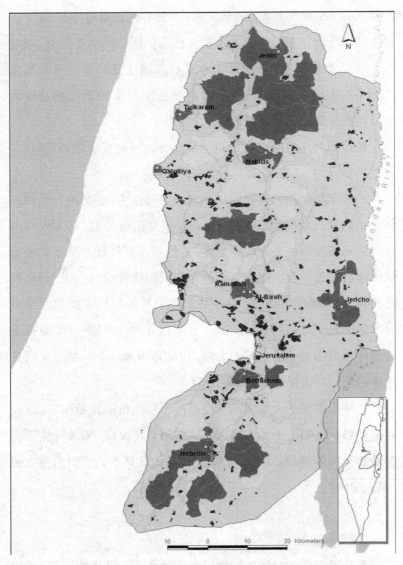

图10 "巴勒斯坦的班图斯坦":《奥斯陆协议》签订之后的约旦河西岸地图

也可以非法进入：向外的移民、向内的移民和不受欢迎的入境。现代政权的功能具有矛盾性：一方面对边界实行严格控制，另一方面又宽容甚至暗地里鼓励劳工非法移民——这些劳工是没有权利可言的。

因此，人们总是划出边界，建起高墙。结果是我们总是被墙所包围。人们住在墙内，墙上有门，人们由门口进进出出，通过窗户向内外张望，打开窗户呼吸新鲜空气，感受夏日的和风。

一些人被拘禁在墙内。军营、监狱的大墙限制了他们的自由。美国称之为"生活在门里面"，南非称之为屏障。

一些人被关在墙的外面。有许多墙的地方就没有了家。有些墙是没有窗户的。这些墙从乡村延伸到城市或曲曲折折地穿过城市，成为阻止人和物出去的障碍。这是自由主义的界限，为了保卫政权而建。

世上有虚拟的纪念墙，比如越南老兵纪念墙，上面就有士兵的"自由之脸"。点击索引中的一幅照片就会看到这个人完整的纪念网页。看着他们那一张张灿烂的笑脸，读着他们的家庭信息，就会感觉到他们自以为在保卫国家时，付出了沉痛的代价。筑建樊篱古已有之。中国人修建长城抵御北方游牧民族。罗马人修建哈德良长城抵御皮克特人。为加强《英国盐税法》在印度的实施，从旁遮普邦的莱阿到马哈拉施特拉邦边境的布尔汉普尔南部建起了一堵大墙，这堵大墙最终在1930年被甘地领导的"食盐长征"运动彻底地破坏掉了。澳大利亚人修起了遍布乡村的防兔栅栏，既为了防止野兔迁移，也为了防止偷来的澳洲土著人的孩子潜逃回家。柏林墙在非正常的情况下把柏林这座城市分为两半，把人们挡在了墙的两边。现在正在约旦河西岸修建的墙和栅栏横穿过巴勒斯坦的农场，把以色列的非法定居者与怀有敌意的巴勒斯坦人隔离开。

边境城市都面临着巨大的移民偷渡压力，特别是处于第一世界和第三世界的直接接触点上的城市，比如西班牙在非洲大陆北部的两块殖民地休达和梅利利亚。就像加勒比海的马提尼克一样，它们是欧盟的一部分，这两个城市利用布鲁塞尔提供的资金，建起了高十英尺的栅栏，配有带刺的铁丝网和电子感应器，顶上还有红外摄像头。但来自摩洛哥、阿尔及利亚，特别是西非的移民仍然试图爬进来。许多是孤身一人的孩子。如果被抓，西班牙当局会把孩子放在滞留中心，而他们在那里经常遭到虐待，然后被非法地遣送回摩洛哥，接着又被摩洛哥警察殴打虐待，最后在深夜被扔到陌生的街道上。许多人不愿冒被卡在铁丝网上的危险，而是宁愿花大价钱冒险乘坐不结实的小船，就是被称为"帕特拉"的小船，在大浪翻滚的大海上航行九英里偷渡到西班牙。没人知道有多少人淹死在了偷渡的路上——也许一年大约有一千到两千人。来自欧盟的压力迫使西班牙政府现在不得不花一亿两千万美元安装一套雷达系统，这就等于在直布罗陀海峡建起了一堵电子墙。这样移民又不得不选取更危险、更漫长的路线来跨越这一水域。

墨西哥的蒂华纳市依靠其边境城镇的优势，实现了相对的繁荣。革命大道长长的道路标线在美国随处可见，可是这里的颜色不同，这就可以告诉人们这里就是蒂华纳市。与加利福尼亚州的清淡柔和相比，这里的色彩绚丽得肆无忌惮。在主要的交通路口，萨拉族人开的红黄色的商店正对着天蓝色的龙虾俱乐部，俱乐部面对着"酒吧、烧烤、跳舞"这几个亮紫色的大字，与药店的粉色和红色相对。在这个边境城市，一个内外颠倒的城市，除了西班牙语，任何语言都可以讲。夜半时分在城市的外围，想要偷渡的年轻人聚集在莱维河的河岸。"守门人行动"成功阻挡了他们向外偷渡，关着的门使得人们像疯了一样奔跑，偷渡者飞快地穿插于5号州际公路的车流中，以躲避边防检查，因为情况太危险，卫兵不会追赶他们。或者他们会游过里奥格兰德河，如果被在得克萨斯州鹰坞巡逻的当地的义务警察逮住，那他们又将在枪口下受到粗暴的对待。这些人实际上只是想溜回到曾经属于他们的土地上，而现在他们被排除在自己的土地之外。边境最繁忙的部分是因皮里尔海滩。

《历劫佳人》这部电影中有这样的场景：汽车整齐地沿着大街排下去。电影大胆地以一个著名的三分钟长的摄像机跟踪拍摄镜头开篇。镜头移过散落在黑暗中的四块霓虹灯闪耀的区域，移向墨美边境，产生了一气呵成的效果。镜头过渡自然，毫无痕迹，人们之间没有边境——无边境的渗透。一个有钱的美国人旁边坐着一位金发碧眼的女伴，他开着一辆大型敞篷车通过边境检查站进入美国。一会儿车爆炸了。

第四章

混 杂

籁乐和伊斯兰的社会空间

本书的大部分是在充满韵律和活力的阿尔及利亚籁乐的激励之下而写成的,同时在我写作的过程中,也不时地被这种音乐所打断。本书最理想的读法是,伴随着《查不拉斯》、《格温德兹妈妈》或者《瓦莱奇》的粗犷而强烈的打击乐旋律,一边听着"切伯"哈立德、凯克哈·雷米提和海姆的歌声一边阅读。阿尔及利亚的成年男人、女人和孩子亲历了令人震惊的阿尔及利亚独立战争,饱受了战争的煎熬。在他们奋力捍卫国家主权的过程中,法国人屠杀了一百五十万阿尔及利亚人。法国在19世纪用帝国主义的军事手段控制了阿尔及利亚,占领了这一方热土,但生活在这里的人永远不会屈服。20世纪70年代在阿尔及利亚,籁乐的出现特别令人振奋。籁乐常被描述为原始的、粗犷的和粗陋的,同时它也是骄傲的、坚定自信的和充满激情的。歌手们带着一种难以想象的愤怒让自己沉浸在节奏之中,同时这种愤怒也给籁乐增添了独特的活力和激情。

> 它是非常有力的东西,这种有力确实超出了我的解释能力。站在舞台上,我不会撒谎。我在舞台上会奉献出我灵魂中和精神中所拥有的一切。
>
> 凯克哈·雷米提,2000年

籁乐始于1962年阿尔及利亚独立战争后第一代人口的爆炸性增长时期,形成于20世纪70年代后期。这时那一代的歌手们开始创作他们自己的具有动感形式的籁乐,比如萨赫罗伊、法德拉和"切伯"哈立德等。这种音乐接近于西方的摇滚乐,受到自我表达的雷盖音乐①和美洲黑人蓝调音乐的影响。籁乐的出现也与阿尔及利亚人整体向城市移居有关系,在这层意义上标志着一种融合的音乐形式的出现,这种形式记录着现代经济发展的需要。但这种音乐的产生不仅仅是一个融合、综合或互相混合的过程,人和文化的流动不可能像资本那样顺畅无阻和一成不变。事实上,籁乐产生的社会背景根本就不是单一的,而是涵盖了产生它和消费它的阿尔及利亚社会各个层面的竞争关系。在某种程度上,籁乐也可以说是一个考虑复杂文化关系和现代力量的主要的隐喻。

首先,籁乐不能轻易地用普通的词汇描述清楚。它是流动着的、变化着的,它一直在改变着自己的功能、地点、乐器和听众。籁乐作品经常是随意的,为了适应具体的需要它可以轻易地

---

① 一种始于20世纪60年代中期的牙买加民间音乐,后与非洲、北美洲的流行乐和摇滚乐相结合。

改变自己。籁乐的即兴特点则意味着它永远不会是固定的，它总是灵活多变的，可以把新的音乐因素融入进来。在一定程度上可以说，籁乐是"马尔匐"——一种阿拉伯马格里布地区①的传统音乐的现代化的版本（不过也有人说，在这一过程中不可避免地存在某种堕落的因素）。"马尔匐"是一种由当地有学识、有教养的宗教人士（当地人称为"教长"）吟唱诗歌的传统表演形式，演唱者总是享有很高的艺术地位。然而，在许多方面，籁乐更多源于更具超前意识和震撼力的女歌手的低俗歌曲。阿尔及利亚独立以前，这些女歌手会迎合公共酒吧和妓院这样的男性场所，她们会在这些地方演唱，同时也会在婚礼、宴会甚至宗教节日里表演。被授予"籁乐皇后"头衔的了不起的凯克哈·雷米提也是以这样的歌手身份开始其音乐生涯的，并在精神上也永远保持着这种身份。其他的一些籁乐女歌手开始以演唱宗教歌曲的女诗人的身份公开亮相。她们在专门为女性举行的聚会——比如割礼或婚前的刺青仪式上歌唱，既唱宗教歌曲也唱通俗歌曲。

作为一种音乐形式，籁乐最早起源于阿尔及利亚西部的世界性港口城市瓦赫兰（奥兰）独立之后。籁乐最初发展非常迅速，尤其从20世纪70年代中期开始，年轻的"切伯"（像凯克·梅弗塔、凯克·杰鲁勒·伦卡维这样的男歌手）或"恰波"（女歌手）在歌舞表演会或婚庆上演唱，并创作出了反映当时政治和文化形势的激进而又忠实的新歌。"切伯"和"恰波"这样的称呼是观众

---

① 一般指地处北非的突尼斯、阿尔及利亚和摩洛哥三国。

给他们的，或者他们也这样称呼自己。这也把他们与传统的歌手区别开来，并暗示他们的观众都是年轻人，他们的社会和艺术地位比较低，但也表明了他们创新的现代音乐风格。从音乐的角度来看，籁乐的部分内容来自贝都因的教长演唱的歌曲——传统的贝都因人的传统，部分来自更现代的瓦拉尼音乐。瓦拉尼音乐于20世纪30年代已经在城市中发展起来，它由北非的古典城市音乐"马尔訇"和"安答卢斯"发展而来。瓦拉尼音乐已经开始由传统的阿拉伯音乐形式转向现代批量生产的音乐和电子乐器。它开始的演奏使用了手风琴，后来受到了来自摩洛哥传统音乐和埃及（尤其是"东方之星"乌姆·库勒瑟姆）的舞蹈和婚礼音乐的影响。现在瓦拉尼音乐和西方的摇滚、迪斯科、爵士乐、西非音乐相结合，同时还融入了更遥远地区的歌曲，比如拉丁美洲和宝莱坞的音乐，可见它的音乐来源还在不断扩大之中。

籁乐的表演者最初使用的乐器是当地特有的乐器。这些乐器有阿拉伯琵琶这样的弦乐器，有芦笛这样的管乐器，有小手鼓这样的打击乐器，还有风笛单音管、响板和各种各样的鼓，同时还有小提琴、手风琴和喇叭。然而在最初的时候，一些音乐家比如卡达和巴巴兄弟，就用西方的电子乐器创作了"电子"籁乐。同样，用语言学的术语来讲，籁乐是用本地方言演唱的，不过这种方言带有从西班牙语、法语和阿拉伯语引借来的俏皮话和鲜活的隐喻。技术的使用使籁乐得到了迅速发展，例如在某些方面，它的现代形式的兴起适应了聚乙烯唱片之后当地盒式磁带录音工业发展的需要。盒式录音机的发明第一次使当地企业掌控了音乐的生产。籟乐在国际上的成功大部分要归功于阿尔及利亚的生产商和中间商，还有法国人。他们把自己在录音棚中的需求和喜好强加在音乐的表达形式上。只有从这些机器中生产出来的音乐才是"正宗的"籟乐。它在国外无线电台的不断播放中得到了发展，最初是在摩洛哥和法国。尽管这些商业运作模式在阿尔及利亚受到了批评，可与此同时，这种新的运作形式却使得音乐作为一个独立的形式和力量出现了。它打破了阿尔及利亚音乐文化和社会文化中已经形成的惯例。因此无论是在字面意义上还是在比喻意义上，它一直是多轨迹发展的。

"籟乐"一词的字面意思是"一种看法""一种观点""一种看待事物的方式"，同时也指"一种目的"。籟乐坚持自己的观念，坚持自己的颠覆性的权力欲，就此而言，籟乐包含了许多后殖民主义的基本特征。籟乐的音乐文化初期表现的是那些发现自己生活在社会边缘的人，还有那些从农村涌向城市的移民——他们的财产被剥夺，住房条件简陋，处于失业之中。随后，籟乐的音乐文化很快从对边缘问题的关注转向对阿尔及利亚社会中年轻人的主要表达方式的关注。籟乐在阿尔及利亚和北非的流行速度证明它得到了以前从未有过的认可。它很快就被认为是"人民的语言"，甚至与激进的伊斯兰政党——伊斯兰拯救阵线的政治信条产生了根本性的联系。籟乐的吸引力在于它通过批量生产的流行模式，从边缘的视角入手，重新整合受到认可却被破坏的元素。籟乐歌手从广泛的现存文化形式中汲取各种音乐元素——神圣的、世俗的、经典的、流行的元素，把它们从传统中解放出来，并用新的文化语言把它们表现出来。在形式上，籁乐歌手援用一系列复杂的、可以自发创造和更新的文化符号，表达他们与周围世界的抵触和矛盾。这样的关系正迅速地随着经济的发展而变化着，但是又被僵化的社会结构所禁锢。籁乐站在敌对的两者之间，一面是对传统的穆斯林价值观的现代解释，另一面是对穆斯林社会的历史变化力量的抵抗。

这些籁乐不一定能提供一条契合政治和思想意识发展的向前的道路，但是它们表达了一些人的情绪。这些人发现自己正处在阿尔及利亚社会的混乱时期，处在与社会合法形式相对的另一边。籁乐之所以流行，是因为它成功地为认同提供了基础。许多人会立刻产生这样的认同，尤其是那些"支撑起墙的人"，他们在刚刚成年时都经历了失业、烦躁无聊和对政府所寄希望的幻灭。在政治上，籁乐像很多后殖民的文化形式一样，首先要把问题和存在问题的社会表现出来，它是通向可能的解决方案必须经历的第一个阶段。

我把我的事业分为三个阶段：78转唱片时期、45转唱片时期和盒式录音带时期。在所有这些时期里，我的歌声一直在表现着生活中的普通问题——社会的问题，是的，是反叛。自十五六岁起，我看到的问题都是些普通的问题。我还没有把它们都列举出来。唱歌是一种观察和反映。籁乐一直以来都是一种反叛的音乐，一种前卫的音乐。

凯克哈·雷米提，2000年

这种混杂的样式告诉了人们一些关于当代社会问题和社会矛盾的状况：它在表达着自己的政治想法，甚至在表达着一种不可表达的状态——没有快速的解决方法，或者很可能根本就没有及时的解决方法。就像后殖民主义自身一样，它首先提供的不是解决方法而是挑战，并且允许自己的观众用他们自己的思想来解释音乐所创建的新空间。它还没有达到用完整的形式来表达自己的意思的程度，而只是在对话过程中创造并建构新的意义。像后殖民主义一样，它在一个正经历变革的、被破坏的社会背景中，抒发表达着原始的、粗犷的、低俗的社会与性别间的张力，这种社会背景再也不是一个完整的民众社会。因此它受到了批评，有人认为它缺少尊重，政治观念不纯——就籁乐的情况来说，认为它的语言低俗。出于同样的原因，有人认为籁乐给听众和表演者造成了分裂性的、不稳定的影响，所以它在受到赞扬的同时或许也受到了批评——换句话说，它产生了预期的影响。

> 阴险的籁乐，你让我改变了我的轨迹，你让我丢失了我的家园。
>
> "切伯"哈立德，《非此即彼》

显而易见，籁乐所做的是，通过音乐再现一些社会张力，鼓励自我表达和认同。籁乐表达了这些社会张力，尤其是颠覆性地借用了传统的教长形式，来抵制来自商业性的西方摇滚乐中的电子声。摇滚乐表达的是传统文化形式与对西方的渴望之间的矛盾。

在那个时期，籁乐沿用着具有阿拉伯特色的优美音调和旋律来拒绝西方音乐形式的影响。例如，西方音乐严格遵守着乐谱中的半音，而阿拉伯音乐则在四分音和八分音之间灵活地移动着，没把自己局限在特定的音程中。它以一种平衡的独创性的节奏模式区别于节奏性很强的音乐——只有20世纪50年代以来的爵士乐在独创性方面与阿拉伯音乐稍微有些相似之处。这两种音乐都强调，音乐是由音乐表演者即席创作出来的。歌手们以同样的方式将传统的歌词和叠句与对特定社会环境（他们的听众）的表现联系在一起。在歌曲中，他们表达了可识别的本地主题，隐约提及了不伦之爱发生的场所，例如森林，还提到了家庭和神圣之所。就这样，籁乐建立了一个媒介，可以同马格里布地区经历的日常形态和困难进行对话，而籁乐正在从当前的社会生活中获得其本身的意义。籁乐的意义是通过表演来确定的。籁乐既不代表一种对新的文化身份的找寻，也不代表一种新的文化身份的创建，它只是一个过程当中的一部分。在这一过程中，与文化身份有关的新观念以一种前所未有的挑战方式登上了舞台，被人们争论和商议。

1962年阿尔及利亚独立时，政府对阿尔及利亚音乐的最初态度是保护传统的"安答卢斯"文化（这种文化主要是阿尔及利亚的精英们所欣赏的），而对盛行于街头并把传统和现代流行形式结合起来的籁乐所采取的却是摈弃的态度。然而从20世纪80年代中期起（籁乐在国际音乐中崭露头角之后），政府的态度发生了戏剧性的转变。籁乐开始受到国家官方渠道的支持，民族解放阵线的领导精英们促进了籁乐音乐会的举办。这时，籁乐作为民众的一种表达方式，开始受到伊斯兰世界的更激烈的反对，伊斯兰拯救阵线公开谴责籁乐宣扬的是道德腐败。1994年10月在最著名的籁乐歌手之一——"切伯"哈斯尼被暗杀后，许多其他的歌手开始四处避难。但具有讽刺意味的是，他们的避难地是法国。尽管1988年国内战争爆发，伊斯兰政党的统治日趋稳固，但是籁乐依然是阿尔及利亚的青年人喜欢的主要的流行音乐形式，它继续缓和着他们矛盾的心理：既对西方怀有兴趣，同时又受到了伊斯兰文化的强烈吸引。

自20世纪80年代中期开始，籁乐在法国的地位也得到了提升，而且在马格里布地区，同时还在法国、西班牙及其他地方的北非群体中得到了广泛的传播。它是所谓的"世界音乐"最早的代表之一。"世界音乐"这个概念出现在20世纪80年代后期，经常被描述为一种"融合"音乐。它将西方元素（摇滚乐和爵士乐）与本土音乐中的和声、节奏和独特的发声相融合。融合是全球化现象的一个标志。在全球化的过程中，交流的文化渠道已经通过技术对所有人开放。这种技术很容易就能使不同的音乐声音产生交叉——准确地说，实际上就是使用音乐合成器。在一些情况下，有人认为这些元素融合在一起成为新的混合模式，这种简单的想法可以说是准确的。一些籁乐歌曲，比如海姆的歌曲《瓦莱齐》可以同时出阿拉伯语和法语两个版本。令人惊奇的是，表面的同质化的趋势可能导致非常具体的地方性的形式。例如，来自阿尔及尔的籁那籁乐，它在声音上明显不同于最早出现在瓦赫兰海岸沿线上的那种传统的、世俗的或流行的籁乐形式。

与籁乐在阿尔及利亚社会中的多样而模糊的形象相比,籁乐在向西方展现自己的过程中,总是在讲述一个熟悉的故事——西方总是想听到的一些关于其他文化的故事。这些文化根据与西方非常不同的行为标准行事和规范自己,同时也抵抗与西方经济和思想意识模式的融合与合作。正如法国和世界上其他媒体所报道的那样,籁乐已经成为西化的阿尔及利亚青年表现反叛的形式;它被视为反抗传统、提倡自由和现代性的第二次后殖民战争;它是当前的阿尔及利亚政体下反对社会僵化和贫富差距过大的一种革命形式;同时它也成为阿尔及利亚青年反抗伊斯兰文化束缚的一种世俗反抗形式,至少打破了社会和宗教在性、酒和毒品方面的禁忌。籁乐歌手被描绘成立志宣扬自由个人主义的放荡不羁的反叛者。这种个人主义效仿了西方的商业个人主义,使他们与世界上的反叛流行乐偶像(比如詹姆斯·迪恩)结成同盟,还与朋克、说唱和雷盖音乐结为同盟。正如籁乐歌集的唱片封套上所写的那样:

　　籁乐歌星们……喜欢说现在是什么时代。他们不喜欢在宗教和政治问题上浪费口舌。籁乐崛起于80年代的阿尔及利亚西部的奥兰市,籁乐在这个难以寻找到美好时光的地方庆祝着它的美好时光。性、毒品、籁乐和摇滚是连在一起的,执政势力说阿尔及利亚青年渐行渐远。在野势力则称阿尔及利亚的宗教激进组织伊斯兰拯救阵线和军政府联合起来一起反对籁乐为争取自由而进行的奋斗。

在这里，籁乐已经同西方青年文化的规程相吻合。但是，这种文化需求不容许籁乐通过政府（如阿尔及利亚政府）的帮助搞积极的宣传活动。在为迎合法国和英国而生产的唱片中，音乐本身已经有了变化以迎合西方人的品味。1992年美国音乐家们在洛杉矶为哈立德录制了歌曲专集《哈立德》（他在标题中去掉了"切伯"的称谓，这就正式标志着他向西方的转变）。籁乐中风格鲜明、十分灵活的三拍节奏（也就是三连音，在演唱中歌手们经常在第一个重音后就自由地即兴发挥），现在已经被机械固定的西方迪斯科的四拍节奏所取代，并且还加入了一种可识别的西方风格的合唱。同时，哈立德的声音似乎不够平滑，他用一种独特的、与之前不同的嘶哑声喊唱出阿拉伯语，其歌声似乎同另一个空间的节奏和暂时性共存。音乐的商业化进程也同样被西化了：籁乐在阿尔及利亚自发地产生于一种流动的共享资源，每个人都可以随意改动；凯克哈·雷米提和其他人演唱的那些老歌并没有被认为是任何人的私有财产，而哈立德的唱片公司却在法国为哈立德注册了版权，就好像之前他在阿尔及利亚录制的歌曲都是由他创作的一样。当然，籁乐没有经过任何修饰就在西方流行起来也是不可能的，这就像西方音乐不经过改变就不可能在马格里布地区流行一样。此外，就像人们指出的那样，籁乐本身是一种复杂而多变的音乐形式，它既灵活而且适应性依然很强。当阿尔及利亚歌手越来越多地演唱伊斯兰教意义上的"纯洁干净的籁乐"时，约翰妮·哈亚特或马里克的"法式"籁乐在阿尔及利亚也大受欢迎。与此同时,在西方,籁乐不仅仅只是为特定的西方流行音乐市场而设计的,它一直也受到流散在法国、英国和北美的北非社群的影响,这些人的要求与西方人的要求截然不同。

图11的CD封面中所传达出的一些关于籁乐的思想内容远比唱片封套上的介绍要重要得多。籁乐充满动感、活力和阳刚之气,并与街头阿尔及利亚年轻人的日常生活息息相关,与伊斯兰教持续保持着积极的关系。这可以在唱片封面右下角重要的祷告词"奉至仁至慈的真主之名"中得到体现,右下角的这句结束语说明并呼应了整幅图画。这样的蒙太奇展示出了籁乐本身包含的社会和宗教中的一些可视的东西。籁乐经常被描述为"混杂"。事实上,它包含了许多特点,这些特点是后殖民写作中的"混杂"一词想要概括的。像籁乐一样,混杂并不仅仅只包含单一的过程,尽管它有时候可以用难以想象的抽象术语来讨论。这些术语与文化构成和文化竞争的动态空间毫不相干,就像在籁乐中所体现的一样。根据文化、经济和政治的特殊需要,混杂可以同时以不同的方式发挥作用。它包含着许多相互作用的过程,这些过程会创造出新的社会空间,这些空间被赋予了新的意义。这些关系使得人们在被现代性粉碎的社会中唱出自己对社会变化的感受和经历,同时这种关系还为社会将来的转型提供了便利。籁乐也是如此。籁乐作为混杂的一种主要形式,经常通过暗示和推理等复杂,有时是隐蔽的方式起作用,它已经提供了一个创造性的空间。这个空间包含了表达和需求、反叛和抵抗、创新和协商,

图11　籁乐汇编CD的封面，曼特卡世界音乐，2000年

因为许多相互冲突的社会和经济渠道都在当代阿尔及利亚社会中发挥着作用和发展着自己。

对面纱的矛盾情感

　　没有什么比面纱更能代表西方和穆斯林世界的不同。历史上几乎没有哪种服饰能像面纱一样有如此多的含义和政治寓意。

对于欧洲人来说,面纱曾象征着东方的神秘的性爱;而对于穆斯林来说,它曾标志着社会地位。如今面纱的含义发生了巨大变化。对许多西方人来说,面纱是伊斯兰父权社会的象征,在这种社会中,女性被认为是受压迫的,处于附属地位的,她们不能在公众场合露面。从另一方面来说,在伊斯兰社会和在非伊斯兰社会的穆斯林女性当中,面纱已经开始象征她们的文化和宗教身份,而且女性也越来越愿意选择用它来遮盖自己。因此,面纱现在使用得比以前任何时候都更加广泛。根据不同的身份,面纱可以象征控制或反抗,压迫或自立,父权制或非西方的公共价值观念。我们该怎样理解面纱,理解面纱的含义,同时控制和审问我们下意识的反应呢?没有人可以从一个中性的、客观的角度去理解面纱。那么就让我们先看一幅图片(图12),这幅图片中的女人是殖民时期欧洲人心中的典型的东方人的形象,就是被爱德华·萨义德描写成"东方主义"的那一种。

这幅图片的题目很简单,就是《阿拉伯女人》。这是一张彩色明信片,大概可追溯到1910年,也就是帝国主义的全盛时期。它是由一个德国的摄影公司在埃及拍摄的,这样的摄影公司当时在中东还有很多。它把这个阿拉伯女人表现得很客观。这是一个真实的埃及女人,她有姓名、家庭、声音和历史,但她已经被变换成了一个"东方的"、普遍的、具有阿拉伯人属性特点的"阿拉伯女人"。这个女人的眼神得到了特意的表现,她的眼神在西方人的注视下变得犹豫不决,处于单向的"承认的政治"之中。

这是一张照片还是一幅画?她戴着有黄色衬里的棕色头巾,

Arab woman

图 12 阿拉伯女人

头巾长得披散到肩上，穿着件蓝绿色的布衣。一块带褶的黑面纱把她的下半边脸盖了个严严实实，一条黑色的布带穿过竹片缚住了黑面纱——竹片是由一种特殊的竹子制成的，但是还能露出她的额头和上面的颧骨。她的视线避开了镜头，这样她看起来更谦逊，同时也给了她一种若有所思的表情。那件蓝绿色的粗布长袍向下盖住了她身体的其他部分，看起来艺术家是在下意识地把她刻画成圣母玛利亚的形象，圣母玛利亚不用说当然是戴着体面的面纱，而且看起来很顺服，容易被接受。这个阿拉伯女人所缺少的仅仅是圣人头上的光环，但是这个女人周围的祥和气氛浓郁得过分了。她向一边凝望，双臂下垂放在身体两侧，看起来她永远不会为她自己说什么或者做什么。

或者我们只是以一个观赏者的身份来看它？我们所理解的这幅图的含义是这个艺术家想要让我们看到的吗？一个阿拉伯女人的形象？一个与自身实际情况不符的、代表所有阿拉伯女人的、异国情调的东方女人？这幅图没有要求我们把她想象成一个社会环境中的活生生的人。这是为一些西方观赏者创作的，这些人的脑子里已经有了"阿拉伯女人"应该有的样子——谦逊，消瘦，而且一定戴着面纱。欧洲人一看立刻就知道是她，正如现在我们一看到白雪覆盖的和谐图画就想到圣诞节一样。如果要恰当地表现圣诞节，就要表现白雪覆盖的图景。世界的许多地方都是如此，但是圣诞节并不是这样，比如在英国，它通常是温暖的，有些阳光，也许还有毛毛细雨，但很少会下雪。卡片上的毛毛细雨，不能像皑皑白雪那样使人想到圣诞节——尽管我们知道，根

> 然而,真正需要追问的却是**表现他者的方式**。
>
> 霍米·K.巴巴,《文化的定位》(1994)

据我们的经验,神奇的白色圣诞节是完全不真实的。

所以这个女人的情况也一样,尽管她的脸没有被黑面纱完全覆盖住,但是竹管凸显在她的前额中央,一块长长的黑布紧紧地裹着她的面颊和嘴部,这块布往下变得越来越细,一直到她的腰部,那样子就像个巨大的鸟嘴,这会给西方人留下一种受监禁的强烈印象。她似乎真的被束缚住了,被装进了牢笼。这幅图处处都在吻合着这样一种思想:许多西方男性和女性都认为穆斯林女性需要被开明的、没有面纱束缚的西方解放出来,因为穿便服的西方要求女性把自己暴露出来,而不管她们是否愿意。在19世纪,西方人认为穿衣标志着文明,不穿衣服的人被认为是野蛮的。然而,到了20世纪和21世纪,半裸则标志着西方的优越感。

这幅彩色印刷图片的两层颜色并没有遮住她的眼睛,这使得她的双眼看上去是湿润的,所以当你离近了注视她的瞳孔时,就会发现她的眼睛是黑白颜色的,正从遮盖她的颜色的后面向前张望。此时你开始发现她的眼睛是机智的、带有强烈情感的和充满力量的,尽管她被困在艺术像框之内——这个像框比任何面纱更具压抑感。这幅典型的人像变得越来越难以理解。这个被具体化了的女人似乎要扭转局势,要在西方人的凝视中重新定位自己。

在整个20世纪，面纱越来越成为那些想把伊斯兰社会世俗化的人们的焦点。阿尔及利亚和其他地区的法国人发动了一场"面纱之战"，即强迫当地女性不戴面纱。为使伊朗西化，西方强迫伊朗国王禁止人民穿黑袍，这种黑袍是乡村和传统的都市女性穿的从头到脚的黑色衣服。作为直接的回应，在1978—1979年的伊斯兰革命之后，女性又被要求这样穿着。如果认为强迫一些女性戴面纱就是虐待她们——一般西方人都这么认为，那么世俗的法律要求另一些女性不戴面纱同样是虐待她们。例如，在法国和西班牙，女孩们必须在法庭上斗争以取得能包着头去上学的权利。这里，我们不是谈论那个埃及女人戴着的那种面纱，那种被前额的几缕辫发打破了严肃性的面纱，而是那种完全把头发盖住的面纱（就像欧洲信仰天主教的女性去教堂的时候常披在头上的那种斗篷）。在土耳其这个伊斯兰国家的一个不信教的省份里，开明的立法禁止在公共场合——比如学校、大学，甚至医院戴面纱。结果，许多"被包裹的女性"被禁止去上大学。当然迂回的道路总能找到。比如有一个女医生，她遵循旧的已婚犹太妇女的服饰要求，选择了戴假发，她虽露着头发，但把自己的真头发藏了起来，也不算违反法律条文。在最近的一次土耳其选举中，一个在选举中获胜的伊斯兰党派许诺最终一定要把这种法律变更过来，因为这种法律使许多的土耳其女性不得不去柏林、伦敦和维也纳上大学（在土耳其，人们开玩笑说，这第二次围攻维也纳比第一次更成功）。男性可以上土耳其的大学，因为没有法律要求所有的男生不戴帽子，剃干净毛发，以露出头和脸。尽管这样，凯末尔国父,这位现代土耳其的创建者曾禁止人们戴土耳其毡帽。历史上土耳其和伊朗许多关于穿着的立法,都曾把焦点对准男性服饰。

谈及"面纱",人们仅仅把它当作一个制服一样的既定不变的东西。事实上面纱多种多样,不光有"这种面纱",而且还有许多种遮蔽物。在大多数社会的特定时候,不同身份的女性会披戴完全不同的遮蔽物。遮蔽物本身是可变化的、复杂的服饰,有遮盖身体的遮蔽物,也有遮盖面部和头部的遮蔽物,这里只提及了一些最普遍的遮蔽物。遮蔽物的种类繁多,女性在不同场合披戴它们的方式也多种多样。与任何其他服饰一样,面纱也寻求变化(包括微变或巨变)以适应不同的需要和新的环境。

例如在殖民统治时期就是这样。法农强调"面纱的历史变化",因为面纱既可以根据环境做出战略性的调整,也可以作为工具来加以使用。这在阿尔及利亚独立战争期间就表现得特别明显,当时,殖民者和本地人之间存在分歧差异,女性通过自己的服饰来表现自己是哪一边的。庞帝科沃拍摄的电影《阿尔及尔之战》(1965)中有这样一个著名场景:阿尔及利亚女性被派去当送信人,她们在城市的欧洲占领区中运送武器或放置炸弹。

防护性的卡斯巴堡垒是阿拉伯人保护自己安全的必不可少的一部分,但是它消失了。阿尔及利亚的女性站了出来,她们被送进征服者的城市。

弗朗兹·法农

阿尔及利亚人有时戴面纱有时不戴面纱,这与殖民统治者的假定不符。尽管法国政府发给法国士兵一些关于尊重穆斯林女性的宣传册,可还是有许多证据证明,调查程序转变成了强奸、折磨和杀害嫌疑人。有时这些女性被捆绑着,不着寸缕地游街示众,而且在她们死前在这种状态下被拍照。这就是残忍的法国"文明"眼中的裸露的阿尔及利亚。

　　"这个只能看别人而不能让别人看的女人使殖民者感到受挫和生气。"法农说。她采取抵制和拒绝的态度,就如同卡斯巴一样不可穿透。在卡斯巴的小街深巷中经常可以看到戴面纱的女性。西方人对面纱的反应是要求和希望去掉面纱,如此一来,以解救受迫佩戴面纱的女性的名义要求去掉面纱和殖民者强行废除面纱这两者之间不幸有暗合之处。法农发现,尽管他在阿尔及利亚北部城市卜利达的精神病医院里强调团体性,可是他仍然不得不为女性在餐厅里划分出一个单独区域。

　　戴着面纱还是摘掉面纱难道就真的成了反对制度化权力形式的一种激进运动?许多女性选择佩戴面纱而且愿意为这一权利而奋斗,最近人们在弄清了这一点之后,才将面纱与女性的战斗性相联系。相反,男人戴面纱与阿拉伯女性戴面纱的内涵完全不同。看一看图13中萨帕塔运动的副司令马科斯2001年胜利进入墨西哥城的照片就可以对此有更深的了解。马科斯经过十五天的行军走遍了整个墨西哥,目的是为自己的议案争取更多支持。他提出要为墨西哥仍处于贫困当中的原住民印第安人增加自治权和土地所有权。政府最后同意和他商议,就这样马科斯胜

图13　副司令马科斯到达墨西哥城，2001年3月10日

利进城了，并受到了市民的热烈欢迎。他蒙着脸，脖子上挂着花环，俨然一个受欢迎的英雄的形象，同时还应注意他那个寻常的、父辈用过的烟斗从他遮着的嘴里神秘地露了出来。

对于一个男人来说，蒙着脸就像是戴着一张面具，就像是具有浪漫主义色彩的盗贼和逃犯，他们戴上面具是一种自我保护的手段，目的是与当权势力进行抗争。萨帕塔运动代表的是墨西哥南部土生土长的农民。在历史上，这些农民虽然进行过多次反抗，但是他们却只争取到了很少的土地和财产权，萨帕塔运动发动的反对墨西哥政府的战争通过现代科技，阐释宣扬了他们应有的权利。以前，马科斯习惯把自己的要求传真给政府和报纸，现在他用电子信箱做这些工作。同时，萨帕塔采用巴拉克拉瓦头套作为他们的标志。这种头套与面纱在本质上是相同的，就像是巴勒斯坦起义战士的面具，既掩护了他们的身份，又像是军人的制服。与女性佩戴面纱一样，这种一致性增强了男性反抗的激情。男用面纱是自信的。阿拉伯女性保持端庄沉稳，而戴着花环的马科斯为表示胜利，高高举起他张开的手掌，尽管他也没有看向镜头，很明显，他是在向群众致敬，不想避开观众的眼睛。我们作为旁观者也被吸入了场景中，成为这个以他为中心的场景中的一部分。为什么面纱剥夺了女性的权威，反而增强了男性的权威？

答案是，这实质上不是一个性别问题而是一个环境问题。也有阿拉伯男性戴面纱的例子，比如，说含语的柏柏尔人就认为面纱是社会地位和男子汉的象征。柏柏尔人中的男性常年戴着一种白色或蓝色的面纱。出生在埃及的人类学家法德瓦·金迪这样写道：

> 男性——在家里、在旅途、在白天或晚上，吃饭时、抽烟时、睡觉时，甚至在做爱时——时刻都戴着面纱。

然而，柏柏尔人中的女性却没戴面纱，她们只是用头巾稍稍遮盖住她们脸的下半部分，就像亚洲南部的女性那样。柏柏尔人的男用面纱标志着日常社交活动的意义，它是一种灵活的信号。在女性、陌生人或受尊重的人面前，面纱要抬高到眼部，在那些不用太尊重的人面前，面纱可以放低一些。印度南部的男性系着腰布，他们总是在不自觉地调整它，把它折起来，包住或系到膝盖部位，然后在和别人谈话时，再解下来。同样柏柏尔人中的男性整天处理日常事务的时候都在调整他们的面纱：抬高系紧，放低放松，或是拉直绑紧。

换句话说，面纱只能用当地的意思来解释，这种意思是在它自己的社会空间内产生的。外来的解释往往会从观察者的社会空间出发来强加某些意思。对于西方人来讲，面纱彰显了女性的附属地位和对女性的压迫。在阿拉伯社会，正像金迪所说，"面纱涉及隐私、身份、亲属关系、级别和阶层"。然而，西方观察者总是把图片中戴面纱的阿拉伯女人看作伊斯兰统治压迫女性的一个象征。但对一个1910年看着这幅图的埃及人来说，面纱则象征着女性的社会地位。最底层的女性，尤其是农村的和沙漠地带的贝都因女性根本就不戴面纱。在城市里，不同阶层的女性戴着不同的面纱。上层社会的埃及女性戴土耳其风格的、用白色的平纹细布做成的面纱。相反，明信片上的阿拉伯女人戴着传统的黑面纱，还附着竹管，这和她的无领对襟束带长袍一起，说明她属于技工、劳动者或商场女服务员这样较低阶层的人员。因此，对西方观察者来讲，她的形象使人联想起对《圣经》的回应，或者一种父权至上的社会体系。对一个埃及人来说，她的面纱最先能确定她的社会地位。换句话说，在不具备当地文化知识的情况下，西方观察者将对图片中的当代埃及女人的形象给以完全不同的解释。

如今，面纱拥有了一种不同的文化力量，对西方社会而言更是如此。举个例子来说，图14是一张蒙面的黑人女性的照片。这位黑人女性对观察者明显表现出挑战的神态。她的眼睛睁得很大，直直地盯着照相机的镜头。同时还应注意，摄影师是怎么捕捉到这一特写镜头的，观察者可以直视她的脸，而不需要保持一定的审美距离。我们的反应会因这张照片的题目而缓和下来，题目告诉我们她是纽约布鲁克林的一位穆斯林女性。她在纽约，这会让观察者认为她是一位非裔的美国女性，她还可能是美国"伊斯兰国家"组织中的一员。在当今这个最有对抗意义的社会里，她选择了戴上面纱。

面纱和面具代表的是服从还是反抗？是谁选择了面纱来掩饰自己？事实上，女性和萨帕塔主义者对面纱的选择是他们对社会做出的回应。似乎在父权社会体系里，埃及女性没有别的选择，只好把自己掩盖起来，而马科斯已经成为一个做出这样自由选择的代表。然而，就像我们看到的那样，事实上，在20世纪早

图14 由小切斯特·希金斯拍摄的《布鲁克林的穆斯林女人》

期，在埃及戴面纱对一个女性来讲一般是地位的标志，从这种意义上讲，戴面纱被认为是赋予权力而不是被剥夺权力。戴面纱变得相当广泛的一个原因，是因为越来越多的女性想证明她们的社会地位，尤其是在其他的女性面前。

对马科斯这样一位反政府的革命战士来讲，他的匿名是一种策略的需要。他选择戴巴拉克拉瓦头套并不是一个自由的选择。在现代，蒙面成为一种普遍的方式，可以避免被警方的摄像头辨认出身份。例如，在爱尔兰共和军的葬礼上总是出现蒙面人。蒙面也是一种反抗或表明自己观点的行为，就像戴面纱如今对伊斯兰女性逐渐起到的作用一样。面纱的意义，如果有的话，并不是一成不变的。法农曾回忆说，在殖民主义者的统治下，摩洛哥女性怎样变着法地改变自己面纱的颜色，从白色变成黑色，以表达她们与其流亡的国王团结一致。她们通过改变面纱的颜色赋予面纱以新的意义。通常，理解面纱就意味着从面纱的社会语境之外来看待面纱，就意味着外部的观察者怎样来解释面纱。这与戴面纱的女性本人佩戴面纱的原因已经没有什么关联了。

第五章

后殖民女权主义

印度的性别政治

当甘地离开修行的居所时，女性都被激怒了。因为她们把一切都提前计划好了，包括行进的路线、食宿的地点，以及最终他们举行示威活动的海滩。为什么他不要女性参与其中，拒绝与她们同行呢？过去，在他发动的政治活动以及他对政治的解释中，他一直努力要把女性放在中心的位置上。他积极鼓励女性参与政治活动，对女权主义者所从事的事业也持认同态度，而且认识到了女权主义者使用政治策略的潜力。他过去常说，他的政治活动主要是受到了支持女性参政的英国女性和北爱尔兰新芬党的激励：要使用道德策略，而不要诉诸暴力。他赞同只采用停食、绝食抗议和游行这些非暴力手段。甘地绝不是第一个给弱者的斗争手段（这种斗争手段是每个人都拥有的）施以政治色彩的人。

尽管纳拉金尼·奈都①甚至米拉·本多次规劝过甘地，可他仍然坚决拒绝女性参与到其中来。那天早晨，男人们都离开家

———————
① 印度政治家、女权运动者及民族诗人。

门,朝海边走去。他们身着浆洗过的衬衫,戴着帽子,挂着女人们为他们削好的长手杖。女性又一次被拒绝参与这种政治活动,她们不得不留在后方,等候消息。全世界的目光都在关注着,摄影记者也已准备就绪,但是看不到任何女性的身影。然而1913年在南非时,甘地本人确曾请求德兰士瓦省的女性在凤凰农场采取非暴力不合作的举动,而那样做将会使她们遭受牢狱之灾。她们确实也付出了代价,一名来自约翰内斯堡的十六岁女孩献出了自己的生命。甘地注意到,在南非的印度女性受到了监禁,这件事不但"触动了生活在南非的印度人的心,而且也深深刺痛了生活在印度的印度人民"。他还观察到,在"消极抵抗"(该词最早由室利·阿罗频多提出)中,女性作为其中的催化剂会起到更加积极的效用,而且他认为女性最适合这种非暴力不合作运动。非暴力不合作运动让女性参与了进来,并且使她们成为这项激进政治活动的中坚力量。在巴德利运动中,巴克迪巴、莎达·莫塔和米迪本·珀蒂等众多女性尤其引人注目。甘地不认可生活在大都市的政治精英,而是对生活在城市边缘的人,比如农民、比哈尔邦的蓝领工人以及广大的女性持认同态度。他号召使用印度的土布,反对从英国的兰开夏郡进口廉价的棉布。他号召人们(至少是那些可以买得起的人)通过穿着表明自己的政治立场。

甘地通过亲自纺线织布使其所发动的政治和文化运动具有了很强的象征意义。spinster^①这个词的原义就是"纺织",正像这

---

① 该词现在更常用的意思是"未婚女人"。

个词所暗示的那样，我们都知道纺线织布是传统女性所从事的劳动。甘地经常使自己显得更像女性，而不是既具有男子气又带有女性特点的纺织工：

> 我和孩子们都知道我在用母亲般的爱去爱他们……我总是用母亲观察自己女儿的目光来注视女孩子们。

然而，当她们特有的性别特征激起了男孩子们的欲望时，甘地对此的反应使他更像一位道德上极为拘谨的虔诚教徒：

> 早晨我用柔和的语气向女孩们建议，她们应该让我把她们那优美的长发剪短。

甘地总是喜欢放弃，喜欢弃权——如果开始就这样，那当然很好。他希望由他提出来的"精神力量"这一女性原则能被男女共同遵守，因为他惧怕女性的性别特征；他喜欢使用"姑娘"或"姐妹"这种称呼，而不用"妻子"之类的叫法——他也的确是这样称呼自己的妻子的。即使甘地本人在使用女性的斗争方式时，他也往往用传统的视角来看待女性。他的许多关于女性特征和家庭角色的观念，其实就是对传统的印度教和道德要求极为严格的维多利亚时期女性观念和女性气质的进一步强调。甘地总是宣扬诸如妻子要忠于丈夫一类的传统价值观。他虽然是一位改革家，但在女性权利方面，他并不像尼赫鲁那样习惯性地赞同革新的思想。

共产主义者的传统观念认为赋予女性权利毫无疑问是消除不平等的制度结构的一部分,而尼赫鲁很明显受到了这种观念的影响。

但是,甘地还是非常有预见性的,他意识到如果不进行激进的社会改革,反殖民政治活动的作用是非常有限的。他并不是一位寻常的反殖民民族主义者。甘地想改革印度社会、印度的种姓制度、社会和性别的不平等状况,而且还要把英国殖民者赶走。他预见性地提出了许多后殖民女权者所使用的政治策略,并在各个方面为女性争取权利。他提出来的非暴力理论并不只是针对英国人的一种策略,同时也是男女平等、环境的可持续发展以及饮食习惯和天然药材对人体进行温和调节的基础。就此而言,甘地称得上是第一位环保政治家。他观察到女性所进行的政治活动要比大多数民族主义者的活动更为激进,她们拒绝对公共和私人空间进行划分,此举触犯了殖民当局的政治权威。

性别和现代性

同时,对女性来说,甘地对现代性的批判可能是有问题的,而具有现代性的政治活动对女性更加有利。实际上,现代性的许多特征就是女性的发明。现代性可以用它自身的技术和关于平等、民主的政治概念来界定自己,这些政治概念必然包含着父权制的终结以及让女性享有平等的权利。另一方面,对于许多男性民族主义者来说,现代性就是对经济、政权和公共领域的重新定位。即使是在今天,正如印度小说家阿兰达蒂·罗伊所尖锐指出的那样,印度教徒对真正印度性的追求也不会包括拒绝对手机、火车、飞机或投放原子弹的火箭的使用。在1909年出版的《印度自治》中，甘地把对西方文明的批判扩大到对科技的批判，他抵制火车以及殖民现代性的各个方面。因此，实际上他比现代的具有印度教特性的理论家更激进。他的思想就是"可持续性发展"（可能性的艺术）这种现代观念的先导。

> 因此，用反映和适合欧美女性平等标准的观念与术语去谴责第三世界女性所受的压迫，这是对种族意识形态的支持……这种意识形态把连贯的文化主题作为科学知识的来源来解释当地的文化，这就使发生的每个活动都落入了具有性别特征的定势当中。这种背景中的女权主义就意味着"西化"。
>
> 特里·T.名-哈，《女性，本地，他者》（1990）

当民族主义者把目标从改革运动转向文化复兴时，女权主义者就开始与之分道扬镳了，她们继续利用现代性的因素来为自己的政治目标服务。文化民族主义者往往在技术方面并不反对现代性，而只是反对现代性对女性的影响。女性通常被认为是代表民族文化身份的主要依靠力量，而当前的民族文化身份是从过去的社会中追溯而来的。在男性民族主义者看来，相对没有受到殖民控制的家庭才是传统价值观、文化以及"民族"身份的捍卫者。这种身份是按欧洲模式所创造出来的反抗欧洲宗主国的新事物。

女性和现代性逐渐被看作是对立的，结果就造成了民族解放的目标往往不包含女性期望的所有进步性的变化。当殖民政权试图要宣布诸如童婚、寡妇火焚殉葬以及阉割女性外生殖器之类的习俗为非法时，以上这一点在印度和非洲就显得格外具有戏剧性。保留这些习俗成为当地民族主义者重要的斗争目标（尽管甘地或尼赫鲁并非如此）。

殖民政权对压迫女性的社会习俗的干预被称为"殖民女权主义"，也就是说在这一点上，殖民政府代表了女性的利益，它宣称这样做是出于人道主义的原因。有时这些措施会同时作为殖民控制的形式起作用。殖民当局往往对这些干预持赞同的态度，它们认为这些干预是改变当地社会价值观的重要方式，而且这些建立在社会价值观基础上的传统反对它们对当地的统治。法国在马格里布地区所实行的强迫女性摘除面纱的殖民政策就是一个明显的例子。在所有情形下都完全可以预见的是，这些法令将会成为民族主义者抵抗的焦点问题。然而矛盾的是，对于女性来说，殖民者的意识形态代表的可能是自由的新形式。所以，生活在殖民主义与反殖民的民族主义夹缝中的女性更加矛盾。这也意味着在后殖民时代，当女性同殖民主义的残余作斗争时，她们也在不断地被指责她们自己的脑子里也输入了西方的思想意识。西方女权主义者、人权组织和由福特基金会资助的非政府组织的善意干预，有时却使当地女性的生活变得更加复杂。各种形式的发展最好是来自基层群众，而非由统治阶层强加而来。

如果你认为女权主义是一种西方的思想，那么你将不得不得出这样的结论：现代性本身就是西方所独有的。从历史角度看，女权主义确实是开始于18世纪的西方政治运动。女权主义的开始和现代性的开始是很难区分的。现在人们认为，现代性并不是由西方发明的，它是西方同世界的其他地区相互影响、相互碰撞的产物，包括殖民主义的经济剥削（殖民主义的经济剥削作为现代资本主义发展的动力，最早为欧洲资本主义提供了充裕的资金）。从那时起，随着时间和地区的不同，现代性在很多方面得到了发展，女权主义的情况也是如此。和现代性的其他方面一样，两个世纪以来，非西方世界的女权主义所信奉的原则也发生了变化，与以往相比产生了一些细微的差别。现在，所有的政治活动，无论是女权主义的还是宗教激进主义的政治活动，都是其所处时代的产物，因此都是现代性的一部分。现在争论的焦点不是现代性与其对立面之间的问题，而是对现代性的不同解释版本的看法问题。对现代性的某些看法被认为是提供了西方模式以外的选择对象，当然这种对于西方模式的理解并非总是准确的。

独立后的女权运动

在男性和女性为共同的目标而进行反殖民斗争时，两者间存在的许多差异相对来说仍未完全暴露出来。但是，当国家获得独立后，根本的冲突就明显地显现出来了。阿米纳·赛义德在一篇文章里提到了1956年埃及女性志愿参军的事情，文章用了一个简单、准确的标题——《女性的角色并不因和平而告终》。对于所有的女权主义者来说，独立时的权力转换和国家主权的获得虽然合乎了她们的心意，但她们的要求并非仅限于此。这仅仅是漫长斗争过程中的一个阶段而已。然而对男性而言，国家获得独立则意味着国家进入了后殖民这个可以明确表示的新阶段，而对女性来说却并没有这样的突破。因为斗争仍在继续，现在她们仍要为反对不再需要女性支持的父权社会而斗争。独立往往意味着权力的转移，但并不是把权力转交给新建立起来的主权国家的人民，而是转交给当地的精英阶层，这个精英阶层继承了军队、警察、司法、行政以及发展机构等整套殖民体系。许多国家为了取得国家主权付出了大量的人力和物力，而一旦国家获得了独立，女性的政治目标不得不再次被人们提及，于是又一场解放斗争开始了。因此，后殖民政治通常和女性的殖民斗争而非男性的殖民斗争有更多的相似之处：政治上的平均主义支持文化上的多样性，而非民族主义所要求的文化上的共性。

在后殖民时期，宗教民族主义的显著发展——这种发展在某些方面甚至界定了后殖民时期——事实上已经把女性置于一种与殖民时期相似的境地之中。然而，并不像西方的自由主义者所想象的：伊斯兰国家的女性受到了宗教激进主义或伊斯兰教的压迫。世上并不存在单一的伊斯兰教，也没有单一的伊斯兰宗教激进主义。在伊斯兰国家，女性的定位是与以下几点相联系的：她们自己的文化、历史，她们与西方和西方殖民势力的关系，她们围绕伊斯兰教和伊斯兰法律做出的解释，以及她们在当今社会所扮演的角色。

三大洲的许多国家激烈反对这一观点。可与此相反的是，

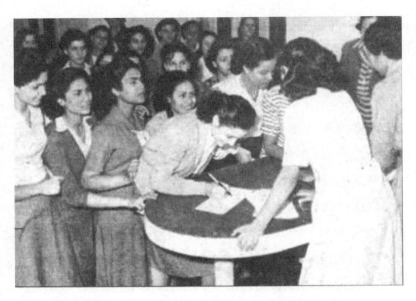

图 15　埃及的女志愿者积极参加反对英国占领的大众抵抗运动

"西方"也并非持有统一的观点。甘地就清楚地看到西方内部的裂痕,并主动地加以利用,为印度政治上的发展带来了好处。

女权主义和生态

尽管现在甘地的影响在印度急剧下降,但是,他的一些政治哲学要素仍然在继续向前发展。例如,印度主要由女性组织的契普克运动就能说明这一点,此运动的根源已经被范达娜·席瓦直接追溯到了运动的发动者米拉·本那里,而米拉·本却是和甘地关系最为亲近的女性之一。席瓦认为,国家的殖民化同时引起了诸如森林之类的自然资源的殖民化,而后又引起了精神上的殖民化:人们在面对农业和环境问题时，想到的只是技术革新和以市场为导向。早在殖民时期，农民和部族就已经开始对滥伐森林进行过抗议。当时木材被用作军事和工业目的，人们并没有考虑过滥伐森林和荒漠化所带来的长期影响或破坏当地经济和生态所引发的后果。

在20世纪40年代后期，即甘地遭暗杀之前不久，米拉·本搬到喜马拉雅山脚下的一个农场上定居。她逐渐开始关注当地一年一度的洪灾，她发现引起洪灾的原因是滥伐森林以及种植非本地品种的树木，尤其是松树。为了能专心研究森林问题，米拉·本建立了一个叫作戈帕尔的修行所。在那里，她研究了当地的环境，并且花了大量的时间从熟悉当地情况的农民那里了解了许多关于当地情况的资料。在聆听当地民歌和民间故事时，她注意到其中的许多歌曲和故事都提到了一些基本上已经消失了的树木和其他植物。她断定当地出现的生态问题是由栎树的消失所造成的。栎树对生态环境和当地经济的发展起到了积极的作用，而像松树这种最近纯粹出于商业原因而被种植的常绿植物，除了提供松脂和纸浆这样的商品外，对当地的生态经济没有任何益处。不久其他一些甘地的追随者，例如萨拉拉·本和桑德拉·巴哈古纳，也加入到了米拉·本的工作中，他们建立了新的修行所。

> 像以往一样，每个使穷人的状况恶化的计划，总是声称穷人是受益者。
>
> 范达娜·席瓦

随着这场运动的深入发展，重大的分歧开始出现，而这个分歧就本质而言是由性别差异造成的。最初，当地许多效法甘地的组织把工作重心都放到了建立合作社以及维护当地人民而不是大型商业公司的权利方面，这些大型商业公司把木材作为商品作物加以开采。席瓦指出，这主要是男性的观点。而负责耕种口粮、采集燃料和饲料的女性并没有受到这种短期利益的诱惑，她们并不想种植单一品种的经济作物而获益。她们注重的是当地可持续发展的生态需要。在可持续发展的生态中，植物、土壤和水构成了一套复杂而又相互联系的生态系统。因此而出现的分裂并不仅仅存在于当地人和外地人之间，也存在于村庄内部的男性和女性之间。女性对整个体系的原则提出了异议，她们指责男性在意识形态上被短期的市场商业价值殖民化了，他们就像在父权社会控制女性一样，试图把自然控制在自己的手中。女性并不想通过科学手段控制自然，从而直接获益；她们的目标是要使整个森林系统能够自我支撑，自我更新，使之能够保持住水和食物资源。她们长期担当着耕作者和粮食生产者的角色，这使她们的家人能在这套系统中生存下来。这也表明，女性对耕作以及各种植物的药用和营养价值更为熟悉。

因此，女性与像巴哈古纳那样被女性所说服了的男性一起，共同构成了契普克运动的基础。契普克运动于1972—1973年开始于印度西北部的杰莫利地区，当时当地的人民成功地组织起来，抗议通过拍卖把三百棵白蜡树出售给体育用品制造商，而政府却禁止当地的合作社为制造农业生产工具而砍伐少量的树木。这场运动很快就扩散到其他地区，例如卡纳塔克邦，人们开始广泛抵制将木材砍下来卖给商业公司。契普克是"拥抱"的意思。这个名字源于三百年前拉贾斯坦邦的比什挪依人最初采用的一种方法。在昂瑞塔·德维的领导下，比什挪依人通过拥抱神圣的科耶里树来抵制对这些树木的砍伐，在斗争中他们甚至牺牲了自己的生命。实际上，村民们通过拥抱树木来阻止伐木者砍伐树木这样的事例在现代几乎没有了。然而，这场运动的名字总是让人觉得，即便在这些积极的参与者受到威胁的时候，他们也会采取拥抱的做法。拥抱树木的想法在象征层面也强烈地体现出人和树的关系。面对越来越多的山崩和洪灾，契普克运动的积极参与者在米拉·本早期思想著作的激励下，把这场运动推向了更为激进的层面。她们鼓动在北方邦全面禁止对森林的商业采伐，后来又反对中央政府实行的根本不考虑地方需要和环境的发展计划。

这些运动都是由当地的基层群众组织和执行的。像哈玛·德维以及桑德拉·巴哈古纳这样的个人组织者挨村挨寨地宣传运动纲领，就组织运动的方法提出建议。尽管一些人在大多数基层群众运动中起到了领导者的作用，但与传统政治组织的政党领袖相比，他们对公众的影响并不是很大。契普克运动是积极参与者共同努力的产物。住在加瓦尔的喜马拉雅山居民一起成功地阻止了对本地区森林的滥伐，取得了非凡而广泛的影响。从那时起，契普克运动就开始把斗争的目标转到把森林作为一种生态和社会系统而加以保护上来。逐渐地，对森林的保护发展成为一种内容更为广泛的、可持续发展的生态政治哲学，而这种政治哲学也成为当地人民共同价值观的核心。

这种可持续发展的政治哲学究其本质来说仍是效法甘地的（尽管甘地关注的是物质的、实践的和社会的需要），而且在对现况的回应中甘地的思想得到了进一步的深化。正如萨拉拉·本所解释的那样，这种政治哲学在更广的层面上包括了对一系列目标的追求：正义、道德原则（比政府要求得更高）、在处理环境和社区关系上采用非暴力的方式、自给自足以及当地人能享有更大的权力（反对中央集权、腐败、剥削、权力的丧失以及饥饿）。总之是要使家庭伦理观与市场价值观之间的分歧消失。

契普克运动的参与者认为，由中央或地方政府管理的、建立在林业科学标准基础上的造林项目既破坏了森林生态种植的多样性和公众的资源，也破坏了当地人的食物、燃料、建筑材料、药材等的来源。一个典型的例子就是忽视当地树种，却大规模地种植桉树等单一品种的非本地树种。因为桉树不能产生腐殖质，所以不能保持土壤里的水分，从而破坏了维持植物、动物和人类生活的食物系统。为达到殖民化的目的，殖民者使公地私有化并引进外来树种，损害了当地人的利益，夺走了他们的生活财产，使他们的生活不能维持下去。最终这些项目都是通过当地的政府官僚组织来管理的，这些政府官僚组织使当地的农民处于当权者、特权阶层和财产所有者这些腐败阶层的共同掌控之中。

图16 契普克运动中的抱树者,印度北部,1997年

20世纪70年代以来，在杰莫利地区、卡纳塔克邦、加尔克汉德以及其他一些地区，女性、当地村民和部落进行的种种斗争成功地阻止了众多这样的行为和计划，而且他们还提出了一整套的环境政治哲学。范达娜·席瓦和其他一些生态女权主义者进一步把这些基本的原则向前推进，开始批判那些被她们称为"不良发展"的行为。她们把这种工业发展的模式称为一种新的殖民（"独立"后殖民主义的继续）。这种"发展"的典型特点是：邦一级的政府负责组织，世界银行提供资金援助，种植的是西方最新发明的转基因作物和树木，化肥都是根据西方最新的观点施用的。以市场为导向重新分配本地土地的想法，仅仅着眼于为购买土地而能担负起大量债务的少数人，而穷人赖以获取口粮和燃料的公共土地却被私有化了。这些计划的多次失败——直接失败或没有预料到具有破坏性的副作用——甚至已经使从事发展研究的经济学家开始认真了解当地的情况，而这些情况过去被人们视为原始的、不真实的和不"科学的"，因而长期被人们所忽视。这些未被人们认识到的情况激起了抵抗性的政治活动：反对后殖民国家的中央集权，反对伦理道德和市场惯例在意识形态上的殖民化，还反对从外地引进的、不适应当地情况的植物物种对当地土地的殖民化。

由农民运动所构成的这些政治斗争在印度和其他许多地区已经得到发展，而且令人瞩目的是处于斗争最前沿的往往是女性。在印度它们以所谓的女权主义的可持续发展框架为基础，得到了充分的发展。但是，像契普克运动这样单一的例子不能被当作普遍的模式来加以概括。在印度，对于居住在山区和森林里的人而言，他们的状况是某个社会特有的，而这些群体中的女性并不能构成女性整体范畴的基础。然而，如果维持家庭生活的农村女性直接受到了环境退化的影响，那么这些斗争的性别力量就会明显得到加强。她们可以用相似的激进策略来反击对环境的不同威胁。例如，纳马达反水坝组织^①就格外勇敢并坚持不懈地反对兴建属于庞大的纳马达河谷发展工程一部分的萨达萨罗瓦水坝。纳马达反水坝组织也得到了激进作家阿兰达蒂·罗伊的公开支持，而且很清楚这个组织是按相似的原则活动的。这项巨大的基础工程要耗资数十亿卢比，而且还要让当地的土著居民和生活在森林中的游牧居民共二十万人移民，这要付出巨大的人力和环境代价。对受灾民众的无视已经到了极端冷酷的地步。经过长期的斗争，纳马达反水坝组织成功地以对人类和环境有不利影响为由，使为这个项目提供资金支持的世界银行撤出。但此后古吉拉特邦的政府宣布政府将会出资以弥补世界银行撤走的资金。经过裁决，印度最高法院于2000年10月驳回了纳马达反水坝组织提起的诉讼，该组织试图通过合法的抗议阻止该工程继续进行下去。这一工程重新开始了无序的、疯狂的破坏性进程。斗争仍在继续。

其他一些类似的例子还包括对于破坏亚马孙热带雨林的抗议，还有由肯尼亚的旺加里·马塔伊在1977年所发起的绿带运

---

① 简称NBA。20世纪70年代，印度政府为了灌溉和发电在纳马达河大量建造大中型水坝，土地受淹但未得到及时赔偿的居民在1985年组织起来，成立了纳马达反水坝组织。

动，他是在听取了当地女性对当地环境恶化的关切之后，发起这一运动的。它们表达的忧虑涉及全世界的农民都常见的问题：以前他们可以在当地拾柴，而现在他们不得不到数英里之外的地方去拾柴；他们种植的庄稼产不出足够吃的粮食，孩子们因此而营养不良；洁净的水源也干涸了。旺加里·马塔伊发起了种植树苗的植树运动，以便能给人们提供柴火、树荫，为庄稼提供腐殖质以及防止土壤退化。到2000年，肯尼亚人民已经种植了一千五百万棵树。同时，马塔伊领导人反对为发展建筑业和种植短期的出口作物而对森林进行砍伐。现在绿带运动已经扩展到非洲的其他国家和世界各地。

这类的生态运动确实产生于一定的内在联系之中，对某些因素的强调是以牺牲另外一些因素为代价的，如在契普克运动中就存在着阶级和种姓的不平等。可以把相似的一些运动提出来，放在后殖民政治下加以考查。就那些在印度北部林区生活的人而言，他们的生活情况和需要与伦敦东区贫民窟里的移民的生活情况和需要可能是完全不同的。然而，他们所进行的斗争活动都受到所有属下阶层人民（并不仅仅是那些被划分为工人阶级的产业工人）对权力和需求的共同要求的激励。他们要求改革目前不平等、不公正的政治状况，他们认可文化、社会和生态多样性的原则。这些运动通常是由基层群众，而非国家政党或国际性组织发起的，其中也有一些在两者间转换。这些运动之间不断加强的联系也为彼此增强了政治力量：尽管这些运动的组织者对科技持怀疑的态度，但实际情况是网络使这些基层组织能更加有效地计划

图17 "打倒你们这些大坝建造者"。当地女性组织起来反对建造纳马达水坝,默黑什沃尔,印度,1999年

和开展运动。网络给它们提供了便捷的联系方式,使它们能与国际机构,慈善机构,以及救援组织、绿色和平组织、乐施会、人权观察和大赦国际等国际组织保持日常的联系。这些国际组织可以向它们提供资金或当它们在当地法院或国际法院提起诉讼时,向它们提供法律上的帮助、外界的监控,并在战略性的关键时刻唤起全世界人的关注。自下而上的全球化运动与自上而下的全球化运动和控制力量相抗争,而且这种抗争力量越来越强。

是什么使后殖民女权主义具有了"后殖民"的特征?

后殖民女权主义是否可以同"第三世界女权主义"或"第三世界政治活动中的女性"之类的范畴加以区别呢?从广义上讲,

后殖民女权主义包括所有第三世界中的女性对父权社会中占统治地位的意识形态的反抗。这些激进的政治活动包括与当地权力机构进行抗争，或对种族主义者和第一世界中的人们（包括女权主义者）的欧洲中心观发起挑战和提出质疑。在后殖民国家，后殖民女权主义认为，它的政治活动是在这样一个框架下展开的：对殖民主义的积极继承，以及当地的精英分子对殖民者的基础设施的继承、接管或占有。所有为平等而斗争的女性都反对这个框架中的诸多障碍，并在后殖民时代同这些现实情况进行着激烈的斗争。女性斗争很清楚地表明了这样一个情况：反殖民斗争反对的是殖民统治，其政治目标是要争得国家主权；而后殖民斗争反对的是后殖民政权，反对的是推行新殖民主义的西方国家的利益。大多数有关后殖民主义的学术著作强调的是对反殖民过程的历史性分析，而不是后殖民国家中反抗当代种种权力的政治哲学。女权主义者所采用的则是相反的方式。

对"后殖民"这一术语的普遍使用意味着，就其历史意义而言，后殖民这一概念可以在众多不同的政治活动中加以使用。后殖民国家的任何政治行动都可以被认定为具有后殖民性，但这并不意味着这些行动包含着后殖民主义的政治色彩。而许多有女性参与的群众性政治运动也不一定掺杂着不同的性别观点。即使那些女性的活动可以从境遇和意识形态的角度被准确地描述成具有后殖民的特性，也不能说她们具有相同的特点。以突尼斯两个著名女律师——哈蒂亚·纳斯哈维和吉赛尔·哈里米工作上的不同为例，纳斯哈维一直在突尼斯这个后殖民国家为反抗侵犯人权而斗争，可她并没制订任何明确的女权主义的运动计划；哈里米则从突尼斯移居到了法国，但在反殖民问题和女性问题方面，她同法国的殖民者和后殖民者进行着斗争。可以说这两位女性的工作都具有后殖民色彩，但作为女性中的活动家，她们的政治活动仍有所不同。

　　那么，人们以怎样的方式向数百万个没有接受过教育的印度城乡女性学习或同她们交流呢？这些女性生活在资本主义的"毛孔"之中，很难共享交流的渠道，明确共同的敌人。那些为第一世界的女权主义者而写的、关于第三世界的、开拓性的著作都是由有特权的消息灵通人士写就的，只有那些训练有素的读者才能理解这些著作……

　　身心疲惫的民族主义者并不认为只有当地人才知道这些情形。为了能够对第三世界的女性有足够的了解并且发展出不同的读者群，在此我所要强调的是，该领域中存在的巨大的差异性必须被正确地评价，而且第一世界的女性必须要学会放弃**作为女性**所具有的优越感。

佳亚特里·查克拉瓦蒂·斯皮瓦克，

《在他者的世界里》（1987）

　　1998年2月11日，突尼斯一个平常的早晨，一个摄影记者拍下了这样的场景：哈蒂亚·纳斯哈维站在空空如也的办公室里，原来的办公设备、档案和计算机都没了。但这并不是搬家。警察搜查了她的办公室,把她的档案、法律文件、书籍和计算机都带走了。

四年前,她的丈夫哈玛·哈玛米被指控是突尼斯共产党党员,所以他躲藏了起来并被缺席审判,但他最终在苏塞被捕,遭到警察的折磨,随后被关入巴格内监狱。大赦国际受理了此案,二十一个月之后他才被释放。1998年2月大学生罢课并举行示威游行,几个学生和早已被列入当局名单的可疑分子(包括哈玛米和他九岁的女儿)被暂时关押起来。获释后哈玛米又过起了逃亡生活,此后再次被缺席审判。由于他的家人全都遭到当局的不断骚扰,他于2002年1月15日公开露面,开始服刑。

哈蒂亚·纳斯哈维为反对腐败的后殖民政权而进行着斗争,在这样的政权之下当权者会对其政治对手施行任意的、不公正的监禁和折磨。作为一名律师,纳斯哈维为这些遭受监禁的人辩护,当然最主要是为她丈夫哈玛·哈玛米辩护。哈玛米是突尼斯共产党——一个未取得合法地位的政党的创建者之一,而且是遭禁的《埃尔巴迪尔报》的执行编辑。2002年6月26日是世界禁止酷刑日,在这一天,纳斯哈维宣布她开始进行绝食抗议。绝食抗议的目标就是要求当局立刻释放她丈夫,并且抗议自从宰因·阿比丁·本·阿里总统当政以来她丈夫遭受的肉体和精神上的折磨,以及由于警察的不断骚扰而使她女儿"经常遭受精神折磨"。持续了三十八天的绝食抗议引起了突尼斯以外的国家的广泛关注,在讲法语的国家里,人们更加关注她丈夫的案情以及突尼斯国内对人权的普遍侵犯。迫于外界的压力，9月4日突尼斯当局有条件地释放了哈玛·哈玛米。哈蒂亚·纳斯哈维同突尼斯政府的不公正进行斗争，她的勇敢斗争当然称得上具有后殖民色彩。现在她仍在继续斗争，拒绝放弃。在这种情况下，她把斗争的中心放到了政府权力的滥用上，她将政权对于人权的侵犯作为斗争的出发点（毛泽东可能会这么总结）。这与后殖民的政治活动相一致，但其本身并不是源于后殖民女权主义者的观点。埃及女权主义者奈娃勒·赛阿达微写的她在狱中的经历就与此不同。这同样也使人们想到昂山素季在缅甸为争取民主和人权而进行的斗争，不过她要在一个根据不同文化和道德原则构建的国家里建立西方自由主义的意识形态，毫无疑问，她的想法与甘地所提出的结合了法律要求的道德原则是一致的。

虽然吉赛尔·哈里米出生在突尼斯，但她却是在法国接受的教育，并于1956年取得了律师资格。之后她立即开始为阿尔及利亚民族解放阵线担当辩护律师。1961年她成功地为一名在法属殖民地阿尔及利亚受到警察折磨的阿尔及利亚女孩德雅米拉·布巴莎辩护，因而名声大振。这个著名的案子使她与西蒙·德·波伏娃和萨特结下了友谊，之后她还为巴斯克地区的恐怖分子出庭做过辩护。而且作为一名律师，她还就一些与女性有关的问题积极进行斗争，尤其值得一提的是1972年的博比尼堕胎案。1971年她创立了选择组织，该组织创建的目的就是为了为某些非法堕胎的女性（她们有意让公众知道她们曾经非法堕胎）进行辩护。这一组织随后开展的活动有力促使了法国政府于1974

年宣布堕胎合法化。哈里米继而当选法国国民大会和法国驻联合国教科文组织的代表。2000年10月，她再次受到人们的关注，因为她要求法国人民承认并且面对法国政府曾对阿尔及利亚人民进行的经常性的折磨，呼吁总统和总理对此加以公开谴责。她迫使法国公众正视其殖民历史在后殖民时期留下的遗患。法国曾残酷镇压阿尔及利亚的独立运动，哈里米的举动使得人们对此事的道德标准重新进行了深刻的反思、改造和评价，而此事造成的影响仍继续在这两国之间回荡着。

因此，由于地点不同，后殖民国家女性的特定状况或者大都市移民的后殖民状况也有所不同，结果就造成了政治活动没有单一的模式。一种能指导道德规范和实践目标的、共同的、更加广泛的政治哲学使政治活动具有了后殖民的特征。作为一种政治哲学，后殖民主义首先意味着，那些发现自己在政治上和管理上仍处于别国控制下的国家要取得自治权。一旦取得了国家主权，后殖民主义就要求改变这个国家的政治基础，对那种约束性的、中心化的文化民族主义霸权进行积极的改造，这种霸权在反殖民斗争中可能是必要的。后殖民主义意味着：赋予贫困者、无依者以及社会地位低下者更多的权利，宽容差异和多样性，在民主和平等（这种民主和平等拒绝把西方异化了的思维方式强加给三大洲）的框架内确立少数民族的权利、女性的权利和文化权利。后殖民主义抵制各种形式的剥削（包括对环境和对人类的剥削），而且抵制单纯为了企业资本主义的利益而施加的压迫性行为。后殖民主义对伴随着企业资本主义出现的社会关系的商品化及个人主义至上的信条提出了挑战。后殖民主义反对任何形式的对贫穷者和无权者的剥削——从对自然资源的占用，到商品和作物之间不平等的价差，再到国际色情贸易。后殖民主义意味着任何人，包括男女老幼都能得到基本的安全、卫生、保健、食物和教育的保障。后殖民主义不但支持产业工人的事业，而且也支持下层阶级的事业。所谓下层阶级也就是指那些因为性别或种族而在社会生活中被边缘化了的社会群体，迄今为止他们仍不具备参与激进阶级的政治活动的资格。在鼓励个人的真诚和利他主义的同时，后殖民主义也对回归民族或文化的"真实性"提出了质疑，认为构建这种"真实性"带有可疑的政治目的。后殖民主义认为最有成效的思维方式是那些在消除权力等级的建设性对话中，跨越学科和文化，自由地相互影响的思维方式。

后殖民主义对属下阶层、农民、穷人以及被社会排斥的人表示出强烈的同情，这就使其远离了社会精英分子的高层次文化，同时也使其与这些属下阶层的文化和知识的关系更为密切。属下阶层的文化在历史上通常被认为是毫无价值的，但后殖民主义却认为这种文化具有丰富的内涵，而且这种知识是一种反传统的知识。后殖民主义的同情和兴趣集中到了处于社会边缘的人身上，那些人由于全球资本主义力量的发展而产生了文化错位，处于不确定的状态，这其中包括难民、从乡下移居到城市贫民区的人，还有那些处于社会最底层但是为了更好的生活而来到第一世界奋斗的移民。长期以来，后殖民主义意味着一种改变社会的政治，一种致力于消除社会不平等现象的政治，这些不平等包括世界范围内不同国家拥有的财富不同，国家内部的阶级、种族和其他社会等级不同，在社会和文化关系的各个层面上的等级不同。后殖民主义结合并吸收了来自激进社会主义、女权主义和环境保护等方面的因素。后殖民主义与自己所吸收的这些方面的不同之处就在于它有三大洲、第三世界和属下阶层的视角，而且它的重点也在于此。对于西方国家的人来说，后殖民主义就是对世界的颠覆。后殖民主义是用从下往上，而非从上往下的视角来观察和感知世界的。它的眼睛、耳朵和嘴巴是埃塞俄比亚的女性的，而不是外交官或大公司的首席执行官的。

在后殖民的政治框架中，性别是实现目标的一个条件。在后殖民主义中，性别政治的中心地位可以简单地通过与"第三世界政治活动中的女性"相比较来加以说明。"第三世界政治活动中的女性"是某个章节的标题，它出现在一本非常有影响的比较第三世界政治活动的教材中。现在存在一种大男子主义的观点，这种观点认为，现成的选民和第三世界的政治活动都已经存在了，女性通过观看自己在这个领域内的活动就可以得到充分的满足。政治暗含的意思就是，政治基本上是属于男性的活动和社会空间。这一章将会探讨女性是怎样在一个并不是由她们塑造的社会中发挥自己的作用的。还有一种后殖民观点认为，如果没有女性就没有第三世界的政治，而且女性已经在广义的层面上对政治的构成下了定义。因此，女性不仅已经成为政治活动中的积极参与者，而且她们显然也已经登上了自己的政治舞台。

传统的马克思主义分析方法总是强调在工厂工作的女工的

作用，而自20世纪60年代以来，西方女权主义者却认为女性的家务工作也具有政治意义。但借助于心理分析和身份确认的手段，我们可以发现这样的观点更强调主体性和性别特征。后殖民女权主义的确注重分析后殖民环境中女性的紧张状态，无论是后殖民状况还是大都市都对她们造成了压迫。后殖民主义关注的中心并不是个人问题，而是那些对整个社区构成影响的问题。因此，后殖民主义更加关注那些为争取众多权利而开展的社会和政治运动，包括为争取物质、文化和法律权利而开展的运动，它关注法律、教育和工作方面的平等对待，关注环境保护以及西方之外的女权主义者遇到的价值观同她们希望遵守的价值观之间的差异。作为一种激进的政治活动，后殖民主义涉及的是基层群众运动，而不是政党的政治运动。这与当今人们对国家层面上的政党和政治组织的兴趣降低是相关联的。虽然后殖民主义没有必要像传统的政治活动那样停留在国家层面上，但也不是说后殖民政治活动在传统的政治空间中要避开政治干预。在概念和实践上，后殖民政治基本上是一种跨越国界的国际政治。面貌一新的三大洲并不是在政府层面上通过国家机构合作而产生的结果，而是通过普通人共同努力，结成联盟，跨越大洲，自下而上取得的成果。

后殖民女权主义从来没有作为后殖民主义的单独实体而行事，而是直接引起了后殖民政治活动形式和力量的变化。后殖民女权主义者把关注的焦点放到了一些突出的问题上，包括非西方的女权主义该如何平衡民族主义、社会主义的女权主义、自由主义和生态女权主义的政治要求，以及该如何对广泛存在的父权制提出挑战。父权制通常受到制度和法律上的区别对待，包括家庭暴力、性虐待、强奸、荣誉杀戮、因嫁妆不足而被夫家烧死、非法堕胎和虐待儿童。在后殖民体系内，女权主义始于对特定地区的普通女性状况的调查研究，同时它把更多的问题联系起来以便发现她们更多坚实的共同基础，进而对她们的状况进行思考。后殖民女权主义突出强调的是，女性仍在努力同殖民残余作斗争，而殖民残余本身在制度、经济、政治和意识形态上就带有强烈的父权制色彩。

通常，有关三大洲女性政治活动的著作要么描写运动或组织，而非政党或个人，要么分析特殊群体（如季节性女工、血汗工厂的工人或性工作者）所遭受的压迫。在有关属下阶层的其他反抗形式、农民运动或反资本主义组织的著作中，这是很常见的。与此相似的是，在后殖民体系中，从事激进政治活动的属下阶层很难进入政权的主流体制中，很难像巴西劳工党的路易斯·伊纳西奥·达席尔瓦（卢拉）那样——他于2002年8月当选巴西总统。或许某一天副司令马科斯，甚至司令埃斯特将会成为墨西哥总统。谁又知道呢？

取得政治权力的属下阶层当中，最著名的女性激进主义者或许就是处于印度最底层的璞兰·戴薇。在印度昌巴尔地区，当地人把她称作美女土匪，她是那里无可争议的峡谷女皇。1981年她在北方邦的伯买杀掉了二十名处于社会高层的地主，因而恶名远播，她之所以这样做是为了报复一伙地主对她的强奸（这是她遭受的最严重的暴力）。1983年她向政府投降了，放弃了侵犯他人的暴力和为争取正义而采用的野蛮手段，并被关押了数年。然而，最终她当选下议院议员，并宣布她渴望为穷人、受压迫者、被剥削者和所谓的"最落后的阶层"服务。这确实是她着手要做的，但媒体却用更多的篇幅来讨论根据她早年经历拍成的影片《土匪女皇》的优点与过失，而不去关注她的政治工作。璞兰是印度一个具有戏剧性和高度可视性的象征，她维护了属下阶层的女性和被压迫的下层阶级的政治权力。她的存在引起了一场持续的反抗，这场反抗针对的是对于印度达利特人的根深蒂固的压迫性行为。璞兰·戴薇于2001年7月被暗杀。作为一名深受大众欢迎的女性英雄，她和切·格瓦拉、弗朗兹·法农以及副司令马科斯一起成为穷人和被压迫者中的斗士的代表。

贱民：种姓

璞兰·戴薇的事例有力地表明了，并不是属下阶层反抗的每一种压迫都是殖民主义留给后殖民时期的遗患，尽管历史上在某些方面它们经常交织在一起。甘地反抗英国对印度的殖民政策，但他也为女性争取权利，也为结束种姓制度（尤其是贱民观念）[①]而斗争。

---

① 印度的种姓制度把居民划分为四个种姓：第一个为婆罗门（祭司和僧侣），第二个为刹帝利（贵族和武士），第三个为吠舍（农民、商人和手工业者），第四个为首陀罗（奴隶和失去土地的自由民）。被排除在四个种姓以外的居民则为"贱民"。

图18　璞兰·戴薇带着自己的部下向平德村走去,去参加向政府投降的仪
式,印度,1983年2月12日

在印度有四个主要的种姓，在这四个种姓之下还有第五个群体，他们被称为"没有种姓"的群体，也就是说他们自己没有种姓。由此产生的结果就是他们被认为是贱民，而且可以据此推断他们是受压迫和受剥削程度最重的群体。种姓在出生时就规定好了。印度四分之一的人口是达利特人——他们这样称呼自己（达利特的意思就是"受压迫者"或"破产者"）。他们做佣工，打扫厕所、街道等等，生活在隔离区，通常住在排水沟的下坡地段。他们几乎没有受教育的权利，也得不到医疗保障。其他种姓的人认为他们不干净而且道德败坏，因此他们每日都会遭受侮辱（被歧视的例子包括：当穿越村庄内高种姓人的住宅区时必须得把鞋脱掉，在公共汽车上不能坐着，不能从公共水井里打水，不能进入印度教的寺庙）。与此同时，高种姓人不光在经济和物质上剥削他们，还对女性实施性侵犯，并且在精神和肉体上不断地折磨他们。按传统惯例，底层的女性不准用罩衫盖住乳房，以确保掠夺成性的高种姓男子可以随时触摸。即使现在，警察还认为对达利特人的抢劫、攻击和强奸不是真正的犯罪行为，通常警察会漠视他们，并且拒绝对犯罪者采取行动。达利特人的状况是由印度教本身造成的，因为种姓观念是印度教的基本组成部分。

在20世纪，达利特人发动了许多政治运动来改善由于出身而使自己地位低下的状况，其中最著名的当属杰出的B. R.安姆贝德卡尔领导的运动。通过斗争他成功地就印度管理实践中的某些方面与当局者达成了一些协议，增加了一些对达利特人的保障。20世纪70年代一个自称为"达利特豹"的达利特青年组织，效仿美国的黑豹党在孟买创立,这激励了全国各地其他战斗性团体的发展。现在为达利特人争取人权的运动在印度国内和国际上都在开展着。尽管开展了各种运动,但在许多方面达利特人的情况仍然和过去一样,没有大的改变。在2000年的古吉拉特邦大地震之后,出现了达利特人在分发救济品时普遍受到了歧视的报道。甚至组织紧急地震援助也与落后的种姓制度联系了起来。由于在印度教中处于卑贱的地位,他们永远被排除在外,成为被遗弃者,所以他们不得不把信仰寄托到别的宗教上。许多达利特人皈依了基督教和伊斯兰教。其他人,包括一些著名的达利特人,如安姆贝德卡尔和璞兰·戴薇本人都皈依了佛教。

在斯里兰卡占统治地位的僧伽罗人信仰佛教,在那里也有相似的被排斥的群体——饶迪亚人(饶迪是"污秽"的意思)。令人感到奇怪的是,饶迪亚人中的女性传统上就以美丽而著称,这明显体现在当地的摄影公司拍摄的饶迪亚女性的色情照片上。这些照片自20世纪早期以来被印在明信片上,在欧洲传播。人数居多的僧伽罗人把饶迪亚人从他们的社区和村庄中驱逐出去,强迫他们穿着标明特定种姓的服装,拒绝给他们土地和工作。残忍的是,饶迪亚人唯一被允许进行的活动就是乞讨施舍物。这比对泰米尔人的歧视更严重,时至今日泰米尔人还遭受着严重的歧视。但值得注意的是,作为印度教的信仰者,泰米尔人内部也存在分等级的种姓制度。

后殖民的政治活动同样反对由种姓或种族带来的歧视,无论这种歧视发生在何地。这种政治活动正在努力把源于压迫之上的差异转化成一种积极的、跨文化的社会多样性。

第六章

从后殖民的角度解读全球化

切阅读《全世界受苦的人》

> 自治是我们的权力——就像是感觉阳光,嗅闻花香或热爱同类一样,无须施舍也不容剥夺。
>
> 爱尔兰民族主义者罗杰·凯塞门爵士1916年
> 在接受叛国罪审判中的辩词

1965年3月,一架大不列颠的客机从阿尔及尔出发,途经布拉格市,中途在爱尔兰西部的香农机场停留的时候发生了故障,旅客们被迫在那里停留了几天。这些旅客是在去古巴的路上。一天晚上,他们抽光了雪茄,所以决定去香农市里看一场牛仔电影,但是没有看成。于是他们挤进了一家酒吧,要了一些啤酒。酒吧里挤满了人,在拥挤中一个当地的爱尔兰人撞在了一个古巴人身上,啤酒洒了他这位蓄须同伴一身。这个古巴人就是切·格瓦拉。

这个湿漉漉但却热烈的爱尔兰式欢迎引发了切一连串独具

特色的俏皮话。切的曾祖父帕特里克·林奇在18世纪从爱尔兰西部的梅奥移民到了古巴。根据老一辈留下的历史悠久的传统，切只是高兴地又要了一杯啤酒。在酒吧以及在香农停留的大段时间里，切一直在与古巴著名的诗人及批评家罗伯托·菲尔南德斯·雷塔马交谈，那时候，罗伯托是古巴著名的美洲之家出版社的主任。切向他推荐说自己手头上有一本翻译的书可以在古巴出版发行，在切的这次非洲之旅中，这本书对他的影响与日俱增。这本书就是由弗朗兹·法农所著的《全世界受苦的人》。

　　非洲的革命已经渗透进了拉丁美洲的革命。这当然不仅因为非洲革命的代表法农来自拉丁美洲。你也许会说在20世纪有三个革命的非洲，而并非一个。它们分别是马格里布地区的革命，特别是阿尔及利亚的独立战争；然后就是撒哈拉沙漠以南地区的革命，它们受到法农精神的鼓舞，并在刚果战争中直接受到格瓦拉的援助；最后就是法农本人参与的非洲革命（非裔美洲人的更具有战斗性的革命传统在历史上总是不可避免地与加勒比海的介入相混合）。著名的切-鲁蒙巴俱乐部是20世纪60年代洛杉矶地区的一个军事化的、全部由黑人参加的共产党组织，这一组织的建立形象地表现了上面所提到的非洲-加勒比海的革命冲动（黑人社会主义运动的复兴也与此类似），这一组织自觉地成为黑豹党领袖斯托克利·卡米克尔、勒罗依·琼斯及休伊·P.牛顿领导的横跨三大洲的革命斗争的一部分。值得一提的是，这个全部由黑人参加的组织，它的名称的一半却是来自一个白人：切。但是作为一个西班牙裔的美洲人，在美国人看来，切毕竟不算是白人。

从这一时期切的著作与讲话中可以看出，他的视角已经有了明显的变化。他的着眼点已经从在古巴建立社会主义转移到了用法农的视角来重新审视这个被一分为二的世界。一方是具有剥削性质的帝国主义国家，另一方是进步的社会主义国家。在"巫师计划"（美国中央情报局实施的"颠覆行动"的一部分）之下，刚果刚解放不久，它的天才领袖帕特莱斯·鲁蒙巴在联合国的眼皮底下被暗杀。这一事件再加上美国发动的越南战争，传达出了一个新的信号：非洲国家以前所取得的一系列独立只是标志着从此进入了西方以另一种形式统治的新时期。极具号召力的著作《全世界受苦的人》鼓舞了新一轮的反帝运动。书中最难以理解的一个方面就是，法农论证了在反殖民斗争中应该使用暴力。他的观点基于这样的一种认识：暴力既不是文明也不是法律，而是殖民主义存在的一个必不可少的条件。他指出，殖民统治只是试图使殖民暴力合法化和正常化，而殖民暴力首先使得一个国家被占领，然后确保殖民统治能维持下去。

1961年《全世界受苦的人》出版，随后它迅速成为实现非殖民地化的像《圣经》一样的权威著作，鼓舞了全世界范围内不同形式的反殖民统治和反殖民压迫的斗争。当第一个英译本于1963年在巴黎由非洲再现出版社出版时，书名只是简单地被译成《受诅咒的人》。两年后，当它在伦敦出版时就改成了现在的名字《全世界受苦的人》。此后的第二年这本书在美国发行，并且被加上了一个副标题《一个黑人心理分析家对当今世界种族主义和殖民主义问题的研究》。当1968年它以平装本大量出售的时候，这个副标题变成了《改变世界格局的黑人革命手册》。想一想吧，为什么是1968年而不是别的什么时间呢？想一想这本书的书名在五年时间里所发生的变化：从《受诅咒的人》到《改变世界格局的黑人革命手册》。

和那些为西班牙共和国而战的人一样，法农是一个国际战士。在许多方面，他的思想观念是世界大同，他总是站在被压迫和被歧视的人民一边，他考虑的问题是全世界的问题而不仅仅只是本国的问题。他表现出强烈的人道主义精神，和毛泽东一样，他非常强调农民参与革命的重要性，所有这些使其与另一位著名的国际主义革命家和富有献身精神的活动家切·格瓦拉齐名。两人走的都是非主流路线。切（1928—1967）与法农（1925—1961）几乎是同龄人，而且都是英年早逝。格瓦拉1963年7月首次访问了阿尔及尔，当时正值阿尔及利亚独立一周年。在这次为期三周的访问中，切与阿尔及利亚左翼政党民族解放阵线的领袖本·贝拉迅速建立起了融洽的关系。那时古巴与阿尔及利亚已经建立了密切的关系，而切与本·贝拉的思想意识形态非常相近。

1964年12月格瓦拉到了美国，令美国政府惊慌的是，他在联合国会议上发表了演说，深刻揭露和痛斥了帝国主义的罪恶。在这次访问期间，切被马尔科姆·X邀请去哈莱姆，在此之前卡斯特罗曾被邀请去过那里。但是，切考虑到美国政府已经被他在联合国的演说所激怒，再到哈莱姆发表演说会被看作是对美国内政的干涉，因而没有应邀前行，而是发去了一封表明团结立场的信。马尔科姆·X当众宣读了这封信，并做了如下的评述：

> 这封信来自切·格瓦拉。我非常高兴能够听到你们热烈的掌声，因为这会让白人们知道他们没有权利来告诉我们应该为谁鼓掌，不应该为谁鼓掌。在这儿你看不到反对卡斯特罗的古巴人，因为我们已经把这些人一扫而光了。

切信守要与非洲团结一致的承诺，在联合国之行后就到了非洲，在那里和中东地区出席了一系列累人的会议，并开展了一系列的外交活动。这些活动与四年前法农参加过的活动相似，不同点只是切跟随泛非主义者黑人W. E. B. 杜波依斯的脚步访问了中国。就是这次非洲之旅使切真正体会到了《全世界受苦的人》当中所揭露的现实。1965年他返回阿尔及尔的时候接受了法农的遗孀乔西·法农为《非洲革命》杂志所进行的人物采访，采访中他强调了非洲反对帝国主义、殖民主义以及新殖民主义的重要性。他说尽管前途凶险，但是仍存有许多积极的因素，这些积极因素包括法农所说的"殖民主义在殖民地国家人民头脑中所留下的仇恨"。怀着对法农人道主义精神的敬意，格瓦拉在这次旅行期间写下了他最伟大的文章《古巴的社会主义与人》（1965），他在文中有力地论证了，以实现人的价值为基础的社会应该而且只能通过改变思想意识才能建立起来。在切看来，他所特指的新男性和新女性应该是一个新社会发展必不可少的一部分。他强调说，社会主义不是强加于人民的，而是应该按照人民自己的伦理标准和物质标准产生的。

这次非洲访问后不久，格瓦拉就领导古巴远征军进入了中非。随后他领导军队进入了玻利维亚，这次远征是他的最后一次，但结果是令人沮丧的。在某种意义上，格瓦拉继承了法农的光荣事业，成为武装革命一面活的旗帜。然而他们在去世后愈加出名，成为生气勃勃的传奇人物和人们顶礼膜拜的偶像。切永远活在人们的心中。1966年再版的《全世界受苦的人》把格瓦拉和法农象征性地联系在了一起。在这版书的封面上第一次印上了照片，但并非是我们所预料的那些照片。照片上不是阿尔及利亚而是一群非洲革命者，有男性也有女性，他们正在丛林中进行一场游击战。这本书以这张照片来纪念切·格瓦拉与他的非洲和古巴联合军队那时在刚果进行的革命斗争。

和切一样，法农最伟大的品质之一就是他鼓舞他人的能力。他的出版商弗朗斯瓦·马斯伯乐曾有力地描述过法农的这种和切同等的行为天赋，正是这种天赋使得他们极受同时代人的推崇。马斯伯乐这样描叙道：

在《走向非洲革命》（1959）一书中，法农用一种近似残酷的简单语言方式把书中所针对的那些人逼入了绝境。一旦他所传达出的信息被人们听到和理解，那么采取积极的态度参与进去将是必然的发展趋势。继续保持沉默只会被看作另一种形式的拒绝。

**frantz
fanon**

**les damnés
de la terre**

FRANÇOIS MASPERO

图 19　法农的《全世界受苦的人》1966年的再版封面

无数人像我自己一样，从《走向非洲革命》中找到了他们职责的根本以及他们为何而战。而这种答案多年来一直十分匮乏。我们可以看到，法农只是不断地在呼吁一种兄弟般的博爱。

法农的第一个出版商和编辑弗朗西斯·杰森对此书也有相似的反应。他是《阿尔及利亚，法律之外》（1955）一书的作者，这本书相当有名，他在《黑皮肤，白面具》（1952）的初版序言中写道：

> 反抗或许永远不会停止，但却有这样一群人存在：他们对历史发展的节奏失去了耐心，他们耻于承认除了反抗他们在这个世界上就无事可做了（这个世界碰巧也是他们的），他们在接受失败时，准备迎接遥远的人道主义的胜利。他们的存在使得反抗有了唯一的结束的可能。

在这遥远的人道主义的名义下，无论是切的文章还是法农在民族解放阵线的内部报纸《圣战者报》上发表的文章，都明显地提出了对国际主义的强烈关注。这也正是法农通过《全世界受苦的人》中的普救说试图去实现的。我认为，切自己也认识到了这一点，这个可以在他与乔西·法农的谈话中看出来。在谈话中切提到，他计划通过联合亚非拉地区广大殖民地、半殖民地国家去建立"一个洲际的反对帝国主义及其内部同盟的统一战线"。每当提及他的环非之旅，切都会强调古巴的解放斗争与非洲的解放斗争的一致性，指出不仅要在非洲而且要在全世界范围内联合一切反帝反殖民运动和社会主义国家，建立统一阵线。切和法农的知识背景出奇地相似，都融会了萨特哲学、心理分析、马克思主义及毛泽东思想的内容。格瓦拉极具社交能力，法农却是一个艰难的孤独者。两个伟人不仅有着深邃的思想，同时也有着充沛的体力。法农对暴力的反复强调，似乎是在发泄自己无法遏制的激情、热情、力量、憎恨、愤怒和不耐烦，以及他语言和态度中的攻击性（这种攻击性构成了他独特的个性）。以上的内容再加上"桀骜不驯"这个词和他对激进的喀麦隆领导人费利克斯·穆梅吉（人称喀麦隆的胡志明）的描述，就构成了一个完整的法农。他是这样描述费利克斯的：

> 一个最为坚强的、最有活力的、最易冲动的人，他向来高调。他粗暴好斗，义愤填膺，深爱自己的国家，痛恨懦夫和操纵国家的人。他一丝不苟，勤奋廉洁。革命的激情洋溢在他那六十公斤重的肌肉和骨头里。

最后他们还有一个相似点，即无论是法农还是格瓦拉都不是职业的革命家，甚至他们都算不上是职业的政治家。但他们却是专业的，他们因为坚信自己同胞的悲惨处境是整个社会的产物，而不仅仅是一种自然的或者个人的不幸，而义无反顾地进行着革命斗争。由他们倡导的、跨越三大洲的、人道的社会主义源于他们自己的生活经历以及对被压迫者的怜悯和同情。

我们需要记住，事实上法农和格瓦拉都是训练有素的医生，无论何时他们都会运用自己的医术治病救人。与此同时，他们每时每刻都在担负起暴力革命的责任。通过暴力革命来拯救苍生的哲学悖论，在他们的生平和作品中留有深刻的印记。他们将这一点与医务工作进行了类比：要治愈殖民统治这一硬伤，就应运用外科手术而不是早期甘地所倡导的整体疗法。马提尼克的诗人和政治家艾梅·赛萨尔在法农逝世后给他写了篇赞语，其中很好地诠释了这一极具挑战性的政治哲学。

> 如果"责任"这个词有什么意思的话，在法农那里它才获得了真正的意义，那就是他们说的暴力革命。法农为自己树立起了暴力理论家的形象，认为暴力是殖民地人民用来反抗殖民暴行的唯一有力的武器。

> 然而这种暴力又是非暴力的，这并不是一个悖论。我的意思是说，这种暴力就是正义、纯洁和决不妥协。我们必须这样理解法农：他的反抗是道德上的，他的努力是慷慨的。

法农的反抗是道德上的，他的努力是慷慨的。同格瓦拉一样，他的反抗也具有不屈不挠的决心："不选择社会主义，就是选择死亡。"

全球化与饥饿

后殖民世界是一个混杂的世界。自1968年麦克卢汉创造出地球村这个概念以来,世界各地的文化逐渐碰撞、融合,而且并存着。全球化主要是科技和传媒系统的产物,传媒系统可以在瞬间把发生的任何事情传播到世界各地(只是在现实中,允许我们看见的东西都是被精心控制的)。尤其是20世纪90年代早期苏联和所谓的东方集团解体后,全球化趋势势不可挡,世界经济逐渐一体化。当多国和跨国公司在西方成熟市场寻求经济快速增长已经不再可能时,它们转向了世界市场,不约而同地在贫穷和政治稳定的国家(专制的国家最好)采用外包、设立呼叫中心的方法来降低成本。今天,在世界经济一体化和国际劳动分工的大环境下,几乎所有的社会都受到了它们以这样或那样的方式所施加的影响。

在一定程度上,这意味着世界的某些方面——尤其是日用品的生产被标准化了,结果无论人们在哪里买到的都是一样的牙膏和剃须刀。这种情况也许不会再继续了。麦当劳——这个名字已有了全球化的含义——如今已成为反资本主义者的斗争对象的象征。据称麦当劳两年来利润不断降低,尽管它每天向一百二十一个国家四千六百万人提供汉堡包,最近仍然遭受了损失。这可能是因为世界各国人民已经开始意识到,总的来说还是本土食品更加可口,也许还更加健康。毕竟在这个疯牛病流行和给动物注射生长激素的年代,含大量脂肪的牛肉一般不是人们的健康选择。为什么美国人越长越高?想想这个问题吧。南美洲的情况就很不一样,那儿的人给牛注射雌性激素以使它的肉更加柔软。

麦当劳现已发表了它的《社会责任报告》，承认"麦当劳或许在世界上许多地方代表不同的意义"，过去麦当劳自称是"实践社会责任的典范"，现在这一举动威胁到了它的形象。抵制麦当劳扩张的运动可能是美国商业全球化历史的分水岭。当世界人民把美国本身与美国梦中的富有与自由联系在一起时，美国商品品牌的全球化运行良好。在向往边境以北幸福生活的墨西哥人当中，人均喝的可口可乐比世界上其他任何一个民族喝的都多，此事绝非巧合。如果你被边境警察遣送回来，还可以坐下来喝杯可乐安慰自己。另一方面，美国为了实现自己的利益，在伊斯兰国家广泛推行武力压迫的帝国主义政策，在那里情况却大不相同。在以辛辣食物为主而且禁酒的炎热国家，可乐是一种理想的饮料。然而口渴的穆斯林选择喝"梅卡可乐"，一种为穆斯林生产的饮料，"梅卡可乐"的利润被捐给了巴勒斯坦的慈善机构。

　　多国或跨国公司产生了两种影响。对这种公司施加压力使其停止污染或破坏环境，比对本土自行其是的公司施加压力更容易，这一点近年来已很清楚。与跨国公司相比本土公司可能对这种抱怨不予理睬，例如亚马孙地区的伐木公司和采矿公司。相反，像壳牌或耐克这样的公司在当地的行为最终还是容易受到国际压力的影响。壳牌公司纵容它的尼日利亚子公司在几年当中进行了一系列压迫欧格尼人民和破坏当地环境的活动，这种做法已经臭名昭著。在遭到连续的抗议后（由尼日利亚小说家肯·萨罗-维瓦领导，直到他服死刑），壳牌最终大大改变了做法。在尼日尔三角洲工作的其他许多石油公司就没有做到这一点。

"好食品—雀巢—好生活"

一些跨国公司在社会舆论界的名声继续恶化。例如，雀巢公司（自称"世界领先的食品公司"）2002年12月对外宣布决定向埃塞俄比亚政府索取六百万美元的赔偿，原因是1975年埃塞俄比亚前政府将其企业收为国有。但是，雀巢直到1986年购买德国母公司时才获得对那家企业的权益。埃塞俄比亚是全球最穷的国家，它那时遭遇了二十年来最严重的饥荒，六百万人靠紧急粮食救济生活。埃塞俄比亚政府拿出了一百五十万美元的救济款，然而，雀巢公司要求按照1975年的外汇汇率得到全额赔偿。国际咖啡价格的猛跌使饥荒所造成的后果更加严重，因为咖啡是埃塞俄比亚四分之一人口的支柱产业。埃塞俄比亚是世界人均收入最少的国家，人均大约每年一百美元，超过十分之一的儿童未满一周岁就会死亡。作为全球最大的咖啡制造商，雀巢公司2001年的年利润达到了五十五亿美元。现在许多埃塞俄比亚农民不得不以低于成本的价格出售他们的农产品。埃塞俄比亚人均年收入仅够每星期从"全球领先的食品公司"买五十克雀巢咖啡。

雀巢公司的行为在报纸头版、电台和电视上被报道出来，大批表示抗议的电子邮件像雪片一样从世界各地发来，要求雀巢尽快改变态度。12月19日雀巢代言人声称该公司是不得已"按照原则"将埃塞俄比亚政府告上法庭索取六百万美元赔款。次日，雀巢公司决定把得到的全部索赔款重新在埃塞俄比亚进行投资。为此《金融时报》毫不隐讳地报道说：

这家瑞士公司是全球最富的、最有影响力的公司之一。昨天，它在投标中提出要缓和这次具有破坏性的群众抗议，该抗议主要反对它长期以来向世界上最穷的国家索要赔偿。

请注意，雀巢接受了全球抗议，承认它的所作所为有些不合情理，并意识到社会形象不佳会带来几十亿的损失。还有很多事情是我们不知道的。把这些我们不知道的事情撇开，你自然想知道，这家公司还会做出什么别的事情来。

长期以来，雀巢公司一直是国际婴儿食品行动联盟的攻击目标，该联盟称雀巢和其他公司在发展中国家违反了国际母乳代用品的销售守则。根据国际婴儿食品行动联盟的统计，在第三世界国家每三十秒就有一名儿童死于不安全的奶瓶喂养。尤其像雀巢这样的巧克力和咖啡制造商，已成为追求公平贸易标准的活动家、慈善机构和环保组织的攻击对象。种植咖啡、茶叶和巧克力等作物的当地农民则得到了保障：他们的产品会以合理的价格卖出，这样他们就能够糊口。一个成功的策略就是国际公平贸易组织的发展，该组织为当地生产者提供销路，并为消费者提供选购带有公平贸易标签的产品的机会。公平贸易产品主要是农产品，如咖啡、茶叶、糖、大米和水果，但今天该体系正向工业产品扩展。

为什么实行公平贸易？

国际贸易似乎是一个遥远的话题，但是一旦商品价格大幅下降就会给数百万的小规模生产者带来灾难性的打击，迫使无数人负债累累甚至失去土地和家园。

公平贸易基金会的存在，是为了确保处于不利边缘的第三世界的生产者能够获得更好的贸易机会。该基金会由**天主教海外发展机构、基督教援助组织、新消费者、乐施会、萃艺和世界发展运动**所创立，它向符合公平贸易国际认可标准的产品授予消费者标签，即公平贸易标志。后来英国最大的妇女组织**妇女协会**也加入进来。公平贸易确实改变了人们的生活：

·它挑战了传统的贸易模式，为一个更加美好的未来提供了另一种进步的选择。

·它使消费者在购买第三世界国家产品的同时担负起责任。

公平贸易基金会网站，www.fairtrade.org.uk

除商界和经济界以外，很少有人认为全球化是一种特别积极的现象。能促成全球化的机构经常受到谴责，尤其是世界银行、国际货币基金组织和世界贸易组织。人们之所以反对世界银行，是因为它制定的严厉条款只符合它自己所希望的经济需求规则，而不符合参与国家的规则。世界银行与政府合作，而不与人民合作，这一做法使这种情况更加严重。它似乎从不接受教训。由于受影响的当地人民从未被考虑在内，所以世界银行的大型项目一次又一次地遭到谴责。例如，为替换20世纪80年代灾难性的勃洛诺若艾斯特项目，世界银行在巴西建立了勃朗纳法若项目，该项目是作为一个可持续发展项目而设计的，在规划时就没有让受到影响的当地民众参与进来，后来只是在西方环保组织的压力下才咨询了当地民众。世界贸易组织就其本身而言，似乎只是一个帮助西方公司或跨国公司以最优条件进入其他市场的团体，而这种优惠却不是相互的。面对向非西方世界的低价倾销，世贸组织却无所作为。

贫穷与饥荒

从另一方面讲，只是一味地责备世界银行和世界贸易组织，无济于事。非西方世界的贫困现象，至少是人民的苦难，一部分也是由当地政府直接造成的。饥荒便是一个例子。在津巴布韦人们争议的话题是，为什么穆加贝总统在土地重新分配方面拖延了这么长的时间，为什么他只是在这个国家发展停滞之后才开始这项工作。这项工作拖延如此之久以致非洲南部爆发了一场饥荒，这是不可原谅的。即使这是殖民主义的遗患所致，土地重新分配方面的管理失职也是一个重要原因。

最近一段时间，历史学家和经济学家一直在研究饥荒史以及历史上饥荒在何种程度上是人为造成的，或是因政府和殖民统治者的错误而加剧的。阿玛蒂亚·森曾对印度和其他地区的饥荒做过著名的研究。森认为饥荒更多的是由权力关系而非粮食匮乏所造成的。1943年孟加拉国饥荒饿死了三百万人，而当时孟加拉国的大米产量是历史上最高的。类似的还有现在才知道的以下事实：19世纪40年代爱尔兰大饥荒时，爱尔兰实际上在向国外出口粮食。现代饥荒中的一大部分是人为造成的。饥荒的历史习惯于重演。

在印度，当代的饥荒是在不同条件下发生的。据此，许多人设想：今天，印度人饿死不是因为没有粮食，而是因为他们无权食用这些粮食。与非洲撒哈拉沙漠以南地区相比，印度有更多的人长年营养不良，一半多的印度儿童体重不达标。而当这种情况发生时，印度生产的粮食实际上完全能满足全国的需要，并且印度政府的小麦和大米的储存量占世界粮食储存总量的四分之一。不过，很大一部分原因是由于腐败和效率低下的官僚作风。掌管粮食储备的印度公共财物分配系统似乎完全无力帮助那些快要饿死的人，如拉贾斯坦邦和奥里萨邦的人。因为粮食的储存费用就要占到年度粮食预算的一半，印度亏本在国际市场上出售大米。尽管自己的人民在挨饿，印度出口的大米却占世界大米出口总量的三分之一。印度有一半多的人口食不果腹，可为什么政府还要花费几百万美元搞航天项目？

如此看来，饥荒和贫困并不总是资源匮乏的标志，而是由分配不均造成的。或者像印度一样，宁可让国库里的粮食烂掉，也不愿开仓赈灾。如果说所需要的只是几辆军用卡车，那就把问题过于简单化了。像森指出的那样，从长远来看，分配不仅是运输问题，更是购买力和贸易的问题。然而，在紧急状态下，人们很容易相信交通和完善的基础设施能够缓解粮食分配问题。

在不公平的世界里分享资源

世界是富有的，世界又是贫穷的。现在世界上有两千万难民和流离失所的人。其他人在贫穷与富裕之间生活着，其间差距很大。国家政权建立了一个巨大的不平等的机构（享用资源和商品方面的不平等）。据估算，如果全世界的国家都像美国一样消耗资源，人类至少还需要两个地球。

你可以分析国家内部不同阶层之间的收入差距，也可以分析国家之间的收入差距。各国的国民总收入（年均收入）列表很长，呈现出不同的等级。排在最高位的是卢森堡，人均年收入四万四千三百四十美元。排在最低位的是埃塞俄比亚，人均年收入一百美元。简单地将所有国家划分为两种类型：富裕国家（高收入国家）和贫穷国家（发展中国家），前者总人口九亿，人均年收入二万六千美元，后者总人口五十一亿，人均年收入三千五百美元。这五十一亿人口中有一半居住在最贫穷的国家，人均年收入仅一千九百美元。

这些差距激起了全球对我们的经济环境的不满。然而，即使是反对资本主义的全球运动也不那么简单。资本主义的两面性超出任何人的想象。据最新发现，许多反资本主义的组织，比如试图关闭世界银行和世界贸易组织的全球交流组织，再比如组织游行使得1999年世界贸易组织西雅图会议以失败而告终的鲁克斯社团都受到了联合利华的资助，它们是通过本吉里牌冰激凌、欧共体和英国国家彩票委员会而获得资助的。为什么资本主义要资助企图毁灭它的反资本主义运动呢？为什么美国要资助奥萨马·本·拉登的"基地"组织？它后来对纽约造成了严重的破坏，美国亲手创造出了一个现在与之交战的幽灵。这些都是激进的后殖民政治不得不面对的难题。现在的危险是，似乎有一种新的自我解构的政治在起作用，其目的是通过树立自身的对立面来维护世界新秩序。很显然，资本主义甚至设法制造出抵抗自己的对象，组织并增加了自我抵制的形式。

也许这意味着资本主义一直都是一分为二的，还有以我们的未来为由进行战略干预的空间。

翻译与转化

翻译——文化之间

> 随着意象渐渐远去，
>
> 心目中仍存有一丝清风，
>
> 被转化的人
>
> 消隐在由他们转化的事物当中。
>
> 罗宾·布莱泽,《意象与民族第五（消除）》

　　本书意图在不诉诸后殖民抽象理论的前提下来介绍后殖民主义。但是这里我试图介绍一个概念，这个概念有助于把一些我们常常碰到的有分歧的问题和情况聚拢在一起，有助于对后殖民主义分层的对抗性政治的理解。这个概念就是翻译。翻译当然并不是抽象的,它总是与实际相联。

　　没有什么比翻译这个概念更接近于后殖民主义的中心活动和政治动态了。翻译是一种把一个文本从一种语言变换成另外一种语言的活动，这种中立的技术性的活动似乎与政治色彩很浓、广受争议的后殖民世界相距甚远。实际并非如此，即使在技术层面上，翻译与后殖民主义研究也存在着至关重要的关联。首先从拉丁辞源的字面意义上讲，翻译意味着传送或传承跨越。翻译的字面意义与隐喻相似，因为根据希腊辞源，隐喻也意味着传送或传承跨越。殖民地开始时就和翻译是一样的，也就是把原始的一个文本在地图的其他地方进行复制。新英格兰、新西班牙、新阿姆斯特丹、新约克郡（纽约）都是对原来某一片疆土的克隆。一种远在他乡的复制将会不可避免地与原地有所不同。

翻译也是文本从一种语言到另一种语言的一种隐喻性的置换。如果说隐喻涉及一种翻译版本，就像古希腊哲学家亚里士多德所指出的那样，那是因为隐喻是把词的字面意义用于修辞情境之下，这样从经验上讲那就不是真实情况了。比如"亲爱的，你是一个天使！"这句话说的就不是实话。创造一个隐喻就是在策划一个创造性的谎言，像亚里士多德所指出的那样，一物并非其物，而非说其是其物。正如19世纪德国哲学家尼采所指出的那样，甚至真理也只是一种隐喻，只是我们忘记了它也是一种隐喻。我们可以说后殖民分析最关注的是这些语言、文化和地理方面的转换，关注的是肯定与否定因素的转换，也就是把事物改换成它原本不是的东西，或者显示最初它们就不是那样的。

就翻译而言，这种转换也是真实的：把文本从一种语言翻译成另外一种语言也就是转换文本的实体身份。就殖民主义而言，把本地文化转换成殖民控制下的从属文化，或者把殖民工具强加进不得不重建的本地文化的各个方面之中。这种转换或强加是非物质化的转化过程。尽管如此，本地文化的某些方面同时会保持其自身的不可译性。

　　作为一种实践，翻译始于一种不同文化之间的交流活动，但是它也常常涉及权力关系和统治形式。它不能因此而避开政治争端或自己与当前权力形式的联系。翻译行为不可能发生在一个绝对平等、完全中立的空间内。比如某人正在转化着某事或某人，某人或某事正在被转化，正在经历着一个从主体到客体的转换，就像图12中提到的那位阿拉伯女人一样也经历着主客体的转换。再比如那些去北美洲的西班牙人发现自己从一个第一世界的公民变为一个第三世界的"拉美人"。去美国的加纳公主发现自己变成了一个二等公民，好像她只是另一个普通的非裔美国人。处于被殖民境地的人也就是处于一种被转化的状态。

　　语言像阶级和国家一样，也存在着社会等级，翻译也是如此。传统的思维方式是原件高贵，而复制品略逊一筹。但在殖民主义的思维下，殖民复制品变得比本地的原始存在更加强大，并且贬低本地文化，甚至声称这种复制品将纠正本地版本中的缺陷。殖民语言在文化上变得更加强大，它在把自己带上统治地位的同时也在贬低本地语言的价值，它在这里反客为主了。殖民化最初的行动是把本地有意义的书面或口头形式的文本翻译成殖民者的语言。殖民者通过这种翻译的方式，把口头文化转换成书面的罗网和陷阱，转换成拉美批评家安琪儿·拉玛所称的"文字之城"，转换成自己文化的一种扩散。它与口语文化的社会架构不同，因为只有那些享有特权的少数人才有机会接近它。翻译变成了对语言、文化和被翻译人群进行统治、施控、施暴的过程的一部分。殖民化和翻译之间的紧密联系不是始于平等交换，而是暴力、占用和"解辖域化"。正如爱尔兰戏剧家布赖恩·弗里尔在其戏剧《翻译》(1981)中所展示的那样，对风景山水的地理特征进行命名和重新命名也是一种权力和占用行为，也经常是一件不光彩的事情，就像在爱尔兰或澳大利亚那样，那里的版图绘制已成为帝国主义扩张的必要附属。

然而，有人甚至认为殖民翻译总是一个单向的过程，这种想法也是错误的。旅行者和征服者经常依赖译者的服务，并依赖他们的翻译工作来理解所碰到的关于当地人的一切情况。在现今地图上仍然存在的很多地名，现在已经不知道是什么意思了，但它们一直沿用下来。在大多数情况下，误译被认为是在东方主义的框架下发生的，即在不参考其原有意义的情况下强行张扬这种文化。举例来说，作家或艺术家甚至会创造一些殖民者所期望发现的意象——例如对于伊斯兰教徒妻妾的幻想。误译也许含有外交手腕的运用和言行不一的可能性，所谓的外交手腕和言行不一，指的可能就是后殖民主义理论家霍米·K.巴巴所说的对不同种类的文化采取接纳和回避态度的"狡猾的顺服"，而且常常以日常生活当中微妙的不满形式表现出来。这最终发展成为一种被称为"撒谎的本地人"的谎言文化，这些本地人通过一种模仿手段（这种模仿手段破坏了原有的文化）来把自己转入统治阶层的文化当中。

如果翻译涉及占用行为的权力结构，那么它也可以通过反抗行为来获得权力。从某种意义上说，这更接近于翻译的传统观点。在这里，"译者即背叛者"这句名言脱离了背叛的真正含义。当本地文化被迫敞开自己接受前来统治自己的文化时，任何翻译行为都必定会因此而涉及背叛，不可避免的错译曾使人们感到惋惜，现在这种错译也会变成一种反抗侵入者的积极力量。

侵入者的类型是多种多样的，其中包括那些选择从边缘向中心移动的人。对于那些在大都市或后殖民城市的移民者来说，翻译是他们考虑的中心问题，他或她在此过程中更多地扮演着文化翻译者的积极角色。在对自己的角色进行转化之后，移民者随后会遇到其他已被转换了角色的人和其他不安的边缘人，并且彼此相互交流经验，创建自己的新语言用于表达自己的期望和认可，比如活动的路线和可望实现的目标。拿马库斯·加维的革命路线来说，他从圣安妮湾、牙买加，到哥斯达黎加、巴拿马、尼加拉瓜、危地马拉、厄瓜多尔、委内瑞拉、哥伦比亚，再到伦敦，最后于1916年到了纽约市。或者想一下20世纪50年代的弗朗兹·法农，他从马提尼克转战到法国再到阿尔及利亚，又转到突尼斯随后抵达阿克拉。

通常加勒比海在语言和文化的双向翻译中占有一席之地。

它甚至有个自己的词：克里奥耳化。正如"克里奥耳"这个词所暗示的那样，在这里翻译涉及统治文化向新身份的置换、延续和转变，而这种新身份从它们的新文化中汲取了物质营养。结果，交换的双方都经历了克里奥耳化，经历了相互间的翻译。因此，加勒比海的克里奥耳化变得更接近后殖民主义的基本观点：应该从文化互动的角度重新认识那种人们习惯认可的单向的翻译方式，把它作为一个重新集聚能量的空间加以重新认识。那么这样的翻译是怎样被激活的呢？

法农的力量

你从阿尔及尔开车出来，穿过长长的拱廊、耀眼阳光下的海滩，闻着隐秘的芳香，不一会儿你就来到了布法瑞克。在你面前的高空中，在生产法奇那饮料的法国公司工厂的墙上，可以看见法奇那蓝黄颜色的标牌在风中摇曳。这种在1936年由一名法国定居者发明的碳酸饮料，现在已经成了许多人的心头所爱，因为他们发现自己置身于欧洲或马格里布地区令人窒息的灼浪包围之中。

　　　　　啊！法奇那！

振奋之后，你离开芬芳的橘林继续前行，赶往有"玫瑰之城"之称的卜利达。那是一个鲜花和足球的城市，到处都是高耸的、闪亮的、青绿色的寺院圆顶和铺瓦的四个尖塔，不远处卜利达奇怪而傲慢的阿特拉斯山脉居高俯视着一片暗松青色。

在离城市几英里的地方，有从广阔的米提得加平原上拔地而起的陡峭峡谷，你穿过峡谷就会发现阿勒颇的松树那隐匿的干香味，最终你会抵挡不住葡萄园和果园那潮湿而甘甜的芳香。之后你在路上一拐弯，就可以远远地看到被大片麦田环绕的高高的石头墙。那就是巨大的卜利达-若因维尔精神病疗养院。疗养院那百座左右的建筑散落于风景如画的人行道、花园和在盛夏提供阴凉的排排绿树之中。

在一座坚实的用灰泥粉刷过的大房子里面，一位少妇和她的儿子在午日的静谧中玩耍。时间是1953年的11月，几百码之外，医院精神病科的新任主管大夫和负责病区的一位护士一起站在病房门口，这个护士守护着六十九个本地病人，他们都穿着紧身衣被锁在各自的床上。这位新任主管大夫怒视着这悄无声息的折磨人的场面。他命令护士把他们都放开。护士迷惑不解地看着他。见此情景，盛怒的新任主管大夫更为坚定地又喊了一遍自己的命令。然后身穿紧身衣的病人才一个个地被松开，就像是剥橘子皮一样。

病人们躺在那里，一动不动。随后弗朗兹·法农向病人解释说：此后他们再也不会穿紧身衣了，再也不会被锁链锁住了；医务人员再也不会在病区里把本地人和殖民者隔离开了，病人将会以群体的方式一起生活和工作。

在法农的一生中，相比他戏剧性地进入卜利达-若因维尔精神病疗养院，也许再也没有什么能更明确地反映他"转化"的政

图20　弗朗兹·法农

治观点了。因为在这一事件中，他把病人从被动的受害的客体，转换成了开始意识到他们自己可以掌握自己命运的主体。法农从无力变成了有力，从《黑皮肤，白面具》转到革命性的《全世界受苦的人》。

法农最著名的两本书本身就是关于转化的，或者更准确地说，是关于再转化的。在《黑皮肤，白面具》中，他写道，黑种人早已被转化，不仅转换成了法兰西帝国主义政权下的殖民客体，而且从心理上说，他们的期望已通过一种灵魂转生的方式被改变为另一种形式。他们的期望已经被转化成了一种白人所期盼的期望，尽管他们绝不会，当然也不可能变成白人。他们有着黑色的皮肤，戴着白色的面具。

法农的计划是让人们了解这一点，以便找出一种方式把人们重新转化回归成他们原来的自我。这个计划以他拒绝把黑人价值观转化成白人价值观为开端。就像心理分析那样，这涉及因为错译而否定转化的问题。同样，在《全世界受苦的人》中，法农揭示了本地人的思想是怎样被殖民主义创造和转化出来的，是如何被视为"低等的"他者而被刻下了精神分裂的痕迹。他写道：

> 如果精神病学的医疗目标是使人们不再对所处的环境感到生疏……我自己非常认可的是，阿拉伯人，那些身处于自己的国家但永远像外人一样的人，生活在一种完全丧失自我的状态下……这些发生在阿尔及利亚的事件是对一个民族洗脑失败的必然结果。

洗脑指的是使人用别人看待自己的方式来看待自己,这样一来,人就会疏远自己的文化、语言和土地。在《全世界受苦的人》中,法农为自己定下的任务是,通过反殖民的暴力革命来赢得自尊。对于殖民地人民来说,暴力是自我转化的一种形式,一种斗争方式(这对于甘地也是同样的,只是他的斗争方式是非暴力的)。作为一名医生,法农同样强调通过动态的互动的教育模式——一种对受压迫的人进行教育的形式来扩大当地人自主转化的可能性,也就是使已被转化的人回归自我,从而成为转化者而非被转化者,成为积极主动的作者,成为历史的主体而非客体。由于法农的积极作用,转化成了实现愿望的行为和活动家写作的代名词,这种写作想要对读者产生实质性的直接效应——法农自己的作品即属此类中的典范。

表演者,演员,所有人都从有形的或无形的紧身衣中解脱出来了。在法农到达卜利达-若因维尔精神病疗养院不久的一天下午,医院主任惊慌地打电话报警,惊叫着称至少有十名病人从医院逃跑了,同时失踪的还有新任主管大夫法农。几小时后,当这个主任看到得胜归来的法农和医院足球队坐着医院的汽车回来时,他变得有些羞惭不安起来。

三年后,法农辞掉了他的工作,理由是他不可能用精神疗法来治愈因殖民体系的持续压迫而直接造成的精神创伤。法国当局命令他在两日内离开阿尔及利亚,随后他加入到了民族解放阵线开展的反抗法国殖民统治的斗争中。

法农在民族解放阵线中度过了他短暂的余生,他一直都在为阿尔及利亚政治和社会转变的最终目标而不知疲倦地工作着。作为一个忙碌的知识分子，法农通过他的智力劳动、医疗实践和集体政治活动，用行动告诉人们，政治实现是多么重要。作为译者、授权者和解放者，他那分析性的作品和慷慨激昂的事例仍然萦绕和鼓舞着后殖民主义。

译名对照表

A

Aborigines 土著居民

abortions 堕胎

Abuja Declaration《阿布贾宣言》

active resistance 积极抵抗

activism 激进主义

aesthetics 美学

Afghan refugees 阿富汗难民

Afghanistan 阿富汗

Africa 非洲

Algerian War of Independence 阿尔及
利亚独立战争

Amazon rainforest 亚马孙热带雨林

Ambedkar, B. R. B.R. 安姆贝德卡尔

American flag 美国国旗

Amir Abdullah,King 阿米尔・阿卜杜
拉国王

Amnesty International 大赦国际

andalus "安答卢斯"

Anderson, Benedict 本尼迪克特・安德森

anthropological theories 人类学理论

anti-capitalist organizations 反资本主
义组织

anti-racism 反种族主义

apartheid 种族隔离

appropriation 占用

Arab culture 阿拉伯文化

Aristotle 亚里士多德

Asia 亚洲

assimilation 同化

asylum seekers 寻求避难者

Aung San Suu, Kyi 昂山素季

Aurobindo, Sri 室利・阿罗频多

Australia 澳大利亚

AWMR (Association of Women of
the Mediterranean Region) 地中海
妇女联合会

B

Baghdad Pact (1955)《巴格达条约》
（1955）

Bahuguna, Sunderlal 桑德拉・巴哈古纳

Baker, Josephine 约瑟芬・贝克

Baldwin, James 詹姆斯・鲍德温

Bandaranaike, S. W. R. D. S.W.R.D. 班
达拉奈克

Bandung Conference (1955) 万隆会
议（1955）

Bantustans 班图斯坦

Battle of Algiers (Pontecorvo1965)《阿
尔及尔之战》（庞帝科沃 1965）

Beauvoir, Simone de 西蒙・德・波伏娃

Bechet, Sidney 西德尼·波切特

Bedouins 贝都因人

beef 牛肉

Behn, Mira 米拉·本

Behn, Sarala 萨拉拉·本

Bella, Ben 本·贝拉

Ben Ali, President Zine al-Abidine 宰因·阿比丁·本·阿里总统

Bengal Famine (1943) 孟加拉饥荒(1943)

Berlin Wall 柏林墙

Bhabha, Homi K. 霍米·K.巴巴

Big Sea, The (Hughes)《大海》(休斯)

Bin Laden, Osama 奥萨马·本·拉登

Bishnoi community 比什挪依人群体

black empowerment 争取黑人权力

Black Panthers 黑豹党

Black Skin, White Masks (Fanon)《黑皮肤，白面具》(法农)

black socialism 黑人社会主义

Blaser, Robin 罗宾·布莱泽

Bobigny abortion trial 博比尼堕胎案

Bolivia 玻利维亚

bombing campaigns 轰炸

book burning 焚书

borders 边境

Boupacha, Djamila 德雅米拉·布巴莎

Bradford Muslims 布拉德福德的穆斯林

Brazil 巴西

breastmilk substitutes 母乳代用品

Britain 英国

British Salt Tax《英国盐税法》

Buddhism 佛教

Bugeaud, General 比戈将军

burqa 黑面纱

C

Cabral, Amilcar 阿米尔卡·卡布拉尔

Canada 加拿大

capitalism 资本主义

Caribbean 加勒比海的

Carmichael, Stokely 斯托克利·卡米克尔

Casa de las Americas (publishing house) 美洲之家(出版社)

Casement, Sir Roger 罗杰·凯塞门爵士

cassette-recording industry 盒式磁带录音工业

caste system 种姓制度

Castro, Fidel 菲德尔·卡斯特罗

cave, image of the (Plato) 洞中的形象(柏拉图)

Césaire, Aimé 艾梅·赛萨尔

Ceuta 休达

Chador 黑袍

Che-Lumumba Club 切-鲁蒙巴俱乐部

Chechnya 车臣

Cheyfitz, Eric 艾里克·谢菲茨

child abuse 虐待儿童

child marriage 童婚

China 中国

Chipko movement 契普克运动

Chocolate 巧克力

Choisir group 选择组织

Christianity 基督教

Churchill, Sir Winston 温斯顿·丘吉尔爵士

CIA (Central Intelligence Agency) 中央情报局

Civil Disobedience campaigns 非暴力不合作运动

civil rights movement 民权运动

civilization 文明

Coca-Cola 可口可乐

coffee 咖啡

colonial feminism 殖民女权主义

colonialism 殖民主义

commodification 商品化

Communist Party 共产党

Congo 刚果

Conservatives 保守主义者

Corneille, Pierre 皮埃尔·高乃依

corruption 腐败

creolization 克里奥耳化

cross-border movement 跨边境运动

Cuba 古巴

culture 文化

Cyprus 塞浦路斯

D

Dalits 达利特人

Damascus 大马士革

Damnés de la terre, Les《全世界受苦的人》

Dangarembga, Tsitsi 奇奇·丹格伦伯加

DAWN (Development Alternatives with Women for a New Era) 新时期妇女发展选择

deforestation 滥伐森林

Deleuze, Gilles and Guattari, Félix 吉尔·德勒兹和费利克斯·加塔里

democracy 民主

deterritorialization 解辖域化

Devi, Amrita 昂瑞塔·德维

Devi, Hima 哈玛·德维

Devi, Phoolan 璞兰·戴薇

domestic violence 家庭暴力

domination 统治

dowry deaths 因嫁妆不足而被夫家烧死

Du Bois, W.E.B. W.E.B. 杜波依斯

E

ecology 生态

education 教育

Egypt 埃及

El Guindi, Fadwa 法德瓦·金迪

el Sa'adawi, Nawal 奈娃勒·赛阿达微

English Patient, The (Ondaatje)《英国病人》(翁达杰)

epistemology 认识论

equality 平等

Ethiopia 埃塞俄比亚

ethnic cleansing 种族清除

European Union 欧盟

exiles 流亡

F

Fairtrade Foundation 公平贸易基金会

Faisal, King 费萨尔国王

false translation 误译

famine 饥荒

Fanon, Frantz 弗朗兹·法农

Fanon, Josie 乔西·法农

female circumcision 女性割礼

female foeticide 非法堕胎

feminism 女权主义

Financial Times《金融时报》

FIS (*Front Islamique du Salut*) 伊斯兰
拯救阵线

FLN (*Front de libération Nationale*) 民
族解放阵线

France 法国

French Revolution 法国革命

Friel, Brian 布赖恩·弗里尔

fundamentalism 宗教激进主义

G

G8 group 八国集团

Gandhi, Mahatma 圣雄甘地

Garvey, Marcus 马库斯·加维

Gaza 加沙

Germany 德国

Ghana 加纳

Ghazi, King 加齐国王

Gibraltar straits 直布罗陀海峡

global capitalism 全球资本主义

Global Exchange 全球交流组织

globalization 全球化

Gopal Ashram 戈帕尔修行所

grassroots movements 基层群众运动

Great Hedge of India 印度的大围栏

Great Irish Famine (1840s) 爱尔兰大
饥荒(19 世纪 40 年代)

Great Wall of China 中国的长城

Greenbelt Movement, Kenya 肯尼亚
的绿带运动

Greenpeace 绿色和平组织

Guattari, Félix 费利克斯·加塔里

Guevara, Che 切·格瓦拉

Guha, Ranajit 拉纳吉特·古哈

Gujarat earthquake (2000) 古吉拉特
邦大地震(2000)

Gulf War (1991) 海湾战争(1991)

gypsies 吉普赛人

H

Hadrian's Wall, Northumberland 诺
森伯兰的哈德良长城

Halimi, Gisèle 吉赛尔·哈里米

Hammami, Hamma 哈玛·哈玛米

Harlem, New York 纽约的哈莱姆

Harris, Sir Athur 阿瑟·哈里斯爵士

Harry Potter books《哈利·波特》

Hasan al-Bakr, President 哈桑·巴克
尔总统

Hashemite regime (Iraq) 哈希姆政权
（ 伊拉克 ）

Hasni, Cheb "切伯" 哈斯尼

Hassan, Mohammed bin Abdullah 穆
罕默德·本·阿卜杜拉·哈桑

Hayat, Johanne 约翰妮·哈亚特

health care 保健

monoculture 单一文化

Morocco 摩洛哥

Moumié, Félix 费利克斯·穆梅吉

MST (*Movimento Sem Terra*) 无地农民
运动

Mugabe, President Robert 罗伯特·穆
加贝总统

multiculturalism 多元文化主义

multinational companies 跨国公司

multiple identity 多重身份

mustard gas 芥子气

Myanmar (Burma) 缅甸

N

Naidu, Sarojini 纳拉金尼·奈都

Narmada Valley Development Project
纳马达河谷发展工程

Nasraoui, Radia 哈蒂亚·纳斯哈维

"Nation of Islam" "伊斯兰国家"

national sovereignty 国家主权

nationalism 民族主义

native Americans 美洲的土著

native title 原住民的土地权

Nauru 瑙鲁

Nazism 纳粹主义

NBA (Narmada Bachao Andolan) 纳
马达反水坝组织

negroes 黑人

Nehru, Jawaharlal 贾瓦哈拉尔·尼赫鲁

Nestlé 雀巢

New Jalozai refugee camp 新贾洛扎难
民营

Newton, Huey P. 休伊·P. 牛顿

Nietzsche, Friedrich Wilhelm 弗里德
里希·威廉·尼采

Nigeria 尼日利亚

Nike 耐克

Nomads 流浪者，流牧者

non-aligned movement 不结盟运动

non-violence 非暴力

North Africa 北非

O

oil companies 石油公司

Ondaatje, Michael 迈克尔·翁达杰

Oriental Institute, Sarajevo 萨拉热窝
的东方学院

Orientalism 东方主义

Oslo Agreement《奥斯陆协议》

Ottoman Empire 奥斯曼帝国

Oxfam 乐施会

P

Padmore, George 乔治·帕德莫

Pakistan 巴基斯坦

Palestine 巴勒斯坦

Palestinians 巴勒斯坦人

Pan-African movement 泛非运动

Pankhurst, Sylvia 希尔维亚·潘克赫
斯特

Paris 巴黎

passive resistance 消极抵抗

paternalism 家长式统治

patriarchialism 父权制

PCOT (Communist Party of Tunisian Workers) 突尼斯共产党

Peace Review, Iraq (1920) 伊拉克的和平行动回顾（1920）

peasantry 农民

Peshawar 白沙瓦

Petit, Mithiben 米迪本·珀蒂

PGA (People's Global Action) 全球人民行动组织

Philippines 菲律宾

Picot, Sir Mark 马科·皮科特爵士

Planaforo Project 勃朗纳法若项目

Plato 柏拉图

poison gas 毒气

politics, gender 性别政治

Polonoroeste Project (1980s) 勃洛诺若艾斯特项目（20世纪80年代）

poverty 贫困

power balance shift 权力平衡转变

power relations 权力关系

psychoanalysis 心理分析

R

race 种族

racism 种族主义

radicalism 激进主义

RAF 英国皇家空军

Rafah refugee camp 拉法难民营

raï music 籁乐

Rama, Angel 安琪儿·拉玛

rape 强奸

refugees 难民

Remitti, Chaikha 凯克哈·雷米提

resistance 抵抗

Retamar, Roberto Fernández 罗伯托·菲尔南德斯·雷塔马

reterritorialization 再辖域化

Rhys, Jean 珍·莱斯

rice 大米

Robeson, Paul 保罗·罗伯逊

Rodiya outcaste group 被排斥的群体饶迪亚人

Roman Empire 罗马帝国

Roy, Arundhati 阿兰达蒂·罗伊

Ruckus Society 鲁克斯社团

Rushdie, Salman 萨尔曼·拉什迪

Russia 俄罗斯

Russian Revolution (1917) 俄国革命（1917）

S

Saddam Hussein 萨达姆·侯赛因

Said, Edward W. 爱德华·W.萨义德

Sardar Sarovar Dam 萨达萨罗瓦水坝

Saro-Wiwa, Ken 肯·萨罗-维瓦

Sartre, Jean-Paul 让-保罗·萨特

Satanic Verses, The (Rushdie)《撒旦诗篇》（拉什迪）

Saudi Arabia 沙特阿拉伯

science 科学

Second Declaration of Havana (1962)《第二个哈瓦那宣言》（1962）

Second World War 第二次世界大战

secularization 使世俗化

参考文献

Where sources have included material from the web, the webpage address has been cited.

Introduction
Walter Benjamin, 'Theses on the Philosophy of History',
   in *Illuminations*, tr. H. Zohn (London: Fontana, 1973)

Chapter 1
You find yourself a refugee
Oral communications
Médécins sans frontières, *http://www.doctorswithoutborders.org*
Guardian Unlimited Special Report, 'The Refugee Trail', *http://
   www.guardian.co.uk/graphics/0,9749,493873,00.html*
Sebastião Salgado, *Migrations: Humanity in Transition,
   http://www.terra.com.br/sebastiaosalgado/*
UN Refugee Agency, *http://www.unhcr.ch/cgi-bin/texis/vtx/home*
The United Nations Relief and Works Agency for Palestine Refugees in
   the Near East (UNRWA), *http://www.un.org/unrwa/*

Different kinds of knowledge
Aijaz Ahmad, *In Theory: Classes, Nations, Literatures* (London: Verso,
   1992)

'Learning Under Shelling', *http://www.poica.org/casestudies/ayda1-9-01/*

Bloke Modisane, *Blame Me on History* (London: Thames and Hudson, 1963)

The Third World goes tricontinental
Tricontinental Bimonthly
Tricontinental Bulletin

Burning their books
Langston Hughes, *The Big Sea: An Autobiography* (London: Pluto Press, 1986)

Frantz Fanon, *Black Skin, White Masks*, tr. Charles Lam Markmann (London: Pluto, 1986)

Jean Rhys, 'The Day They Burned the Books', in *Tigers Are Better Looking* (London: André Deutsch, 1968)

Tsitsi Dangarembega, *Nervous Conditions* (London: The Women's Press, 1988)

Bookburning: *http://www.ala.org/bbooks/bookburning.html*

Burning of Jaffna University Library: Vilani Perid, World Socialist Website, 30 May 2001, *http://www.wsws.org/articles/2001/may2001/sri-m30.shtml*

Attack on Oriental Institute (Orijentalni institut) in Sarajevo, *http://www.kakarigi.net/manu/ingather.htm*

Chapter 2
African and Caribbean revolutionaries in Harlem, 1924
Official UNIA-ACL website, *http://www.unia-acl.org*

Robert A. Hill et al. (eds.), *The Marcus Garvey and Universal Negro Improvement Association Papers*, 10 vols (Berkeley: University of California Press, 1983—)

Salman Rushdie, *Imaginary Homelands: Essays and Criticism 1981-1991* (London: Granta, 1991)

'Paul Robeson was tracked by MI5. Empire Inquiry linked black US star with anti-colonial politicians', *Guardian*, 7 March 2003

Fidel Castro, A Speech in Harlem, 8 September 2000,
http://www.earth22.com/castro.html
'Castro revisits Harlem', *www.Africana.com*

Bombing Iraq – since 1920
Oral communications
Geoff Simons, *Iraq: From Sumer to Saddam* (London: St Martins Press,
1994)
Peter Mansfield, *A History of the Middle East* (London: Penguin, 1992)
Philip Guedalla, *Middle East 1940–1942. A Study in Air Power*
(London: Hodder and Stoughton, 1944)
John Pilger, 'The Secret War on Iraq', *Daily Mirror*, 3 January 2003
Charles Tripp, *A History of Iraq*, 2nd edn. (Cambridge: Cambridge
University Press, 2000)

Chapter 3
Landlessness
Movimento sem terra (MST) website, *http://www.mstbrazil.org/*
The Landless Voices web archive, *http://www.landless-voices.org/*
'Brazil: President-Elect Lula Elucidates Goals', 31 October 2002,
http://www.worldpress.org/article_model.cfm?article_id = 886
Julio García Luis (ed.), *Cuban Revolution Reader. A Documentary
History of 40 Key Moments of the Cuban Revolution* (Melbourne:
Ocean Press, 2001)
Jane M. Jacobs, 'Resisting Reconciliation: The Secret Geographies of
(Post)colonial Australia', in *Geographies of Resistance*, ed. Steve Pile
and Michael Keith (London: Routledge, 1997), pp. 201–218

Nomads
Eric Cheyfitz, *The Poetics of Imperialism: Translation and Colonization
from The Tempest to Tarzan* (New York: Oxford University Press,
1991)
Gilles Deleuze and Félix Guattari, *A Thousand Plateaus: Capitalism
and Schizophrenia*, Vol. II, tr. Brian Massumi (London: Athlone,
1988)

Ranajit Guha, *Dominance without Hegemony: History and Power in Colonial India* (Cambridge, Mass.: Harvard University Press, 1997)

Nauru: 'Paradise lost awaits asylum seekers', *Guardian*, 11 September 2001

'Afghani refugees stage desperate hunger strike in Australia', World Socialist website, *www.wsws.org*

'Woomera detention centre: "an atmosphere of despair"', Green Left Weekly (Australia), 13 February 2002, *http://www.greenleft.org.au/back/2002/480/480p10.htm*

Humans, caught in a cave

Plato, *Republic* (various editions), *http://plato.evansville.edu/texts/jowett/republic29.htm*

Tzvetan Todorov, *On Human Diversity: Nationalism, Racism, and Exoticism in French Thought* (Cambridge, Mass.: Harvard University Press, 1993)

BBC News 2 March 2002, 'Afghan caves hit with pressure bombs', *http://news.bbc.co.uk/1/hi/world/south_asia/1850219.stm*

Frantz Fanon, *The Wretched of the Earth* [1961], trans. Constance Farrington (London: MacGibbon & Kee, 1965)

Augusto Boal, *Theater of the Oppressed*, trans. Charles A. & Maria-Odilia Leal McBride (London: Pluto Press, 1979)

Michael Ondaatje, *The English Patient* (London: Bloomsbury, 1992)

Unsettled states: nations and their borders

Benedict Anderson, *Imaginary Communities: Reflections on the Origin and Spread of Nationalism* (London: Verso, 1983)

Benedict Anderson, *The Spectre of Comparisons: Nationalism, Southeast Asia, and the World* (London: Verso, 1998)

Film:

Bowling for Columbine, dir. Michael Moore (2002)

The Foreign Exchange of Hate. IDRF and the American Funding of Hindutva (Mumbai: Sabrang Communications and Publishing, 2002)

Development Alternatives with Women for a New Era (DAWN), *http://www.dawn.org.fj/*

The wall
http://www.thevirtualwall.org
Roy Moxham, *The Great Hedge of India* (London: Constable, 2001)
'Nowhere to Turn: State Abuses of Unaccompanied Migrant Children
by Spain and Morocco', Human Rights Watch, 2000,
http://www.hrw.org/reports/2002/spain-morocco
Neal Ascherson, 'Any port in a storm for determined migrants',
Guardian, 18 May 2000
'Europe's front line', BBC Crossing Continents, 21 October 1999,
*http://news.bbc.co.uk/1/hi/programmes/crossing_continents/
europe/471682.stm*
'African Migrants Risk All on Passage to Spain', *New York Times*, 10 July
2001
Film:
Touch of Evil, dir. Orson Welles (1958)

Chapter 4
Raï and Islamic social space
Marc Schade-Poulsen, *Men and Popular Music in Algeria* (Austin:
University of Texas Press, 1999)
Banning Eyre, 'Interview with Cheikha Remitti', *Afropop Worldwide*,
http://www.afropop.org
S. Broughton et al. (eds.), *World Music: The Rough Guide* (London:
Penguin, 1994)
B. Doudi and H. Miliani, *L'aventure du raï* (Paris: Seuil, 1996)
Luis Martinez, *The Algerian Civil War 1990–1998* (London: Hurst,
2000)

The ambivalence of the veil
Edward W. Said, *Orientalism: Western Representations of the Orient*
(Harmondsworth: Penguin, 1985)
Charles Taylor, *Multiculturalism and 'The Politics of Recognition'*
(Princeton: Princeton University Press, 1994)
Sahar Sobhi Abdel-Hakim, '(Inter)ruptive Communication:
Elizabeth Cooper's Photo-writing of Egyptian Women', *Cairo*

Studies in English: Essays in Honour of Fatma Moussa (2001),
355–89

Sarah Graham-Brown, *Images of Women: The Portrayal of Women in
Photography of the Middle East, 1860–1950* (London: Quartet, 1988)

Frantz Fanon, 'Algeria Unveiled', in *A Dying Colonialism*, tr. Haakon
Chevalier (London: Writers and Readers Cooperative, 1980),
pp. 13–45

Film:

Battle of Algiers, dir. Gillo Pontecorvo (1965)

David C. Gordon, *Women of Algeria. An Essay on Change* (Cambridge,
Mass.: Harvard University Press, 1968)

Fadwa El Guindi, *Veil: Modesty, Privacy and Resistance* (Oxford: Berg,
1999)

Chapter 5

Gendering politics in India

M. K. Gandhi, *Satyagraha in South Africa*, tr. Valji Govindji
Desai, revised edn. (Ahmedabad: Navajivan Publishing House,
1950)

M. K. Gandhi, *Hind Swaraj, and Other Writings*, ed. Anthony J. Parel
(Cambridge: Cambridge University Press, 1997)

Kumari Jayawardena, *Feminism and Nationalism in the Third World*
(London: Zed Books, 1986)

Arjun Appadurai, 'Disjuncture and Difference in the Global Cultural
Economy', *Public Culture* (1990) 2, 2

Trinh T. Minh-ha, *Woman, Native, Other. Writing Postcoloniality
and Feminism* (Bloomington, Indiana University Press,
1989)

Hind Wassef and Nadia Wassef (eds.), *Daughters of the Nile.
Photographs of Egyptian Women's Movements, 1900–1960* (Cairo:
The American University in Cairo Press, 2001)

You-me Park and Rajeswari Sunder Rajan, 'Postcolonial Feminism/
Postcolonialism and Feminism', in *A Companion to Postcolonial
Studies*, ed. Sangeeta Ray and Henry Schwarz (Oxford: Blackwell,
2000), pp. 53–71

Feminism and ecology
Arundhati Roy, *The Algebra of Infinite Justice* (London: Flamingo, 2002)
Catherine Caufield, *Masters of Illusion: The World Bank and the Poverty of Nations* (London: Macmillan, 1997)
Nivedita Menon (ed.), *Gender and Politics in India* (New Delhi: Oxford University Press, 1999)
Vandana Shiva, *Staying Alive: Women, Ecology and Survival in India* (New Delhi: Kali for Women, 1988)
http://www.narmada.org
Beto Borges and Victor Menotti, 'WTO and the Destruction of the Brazilian Amazon', Information Service Latin America, *http://isla.igc.org/Features/Brazil/braz3.html*
The Greenbelt movement: *http://www.womenaid.org/press/info/development/greenbeltproject.html*
Kelly Scheufler, 'The Greenbelt Movement', *http://www.suite101.com/article.cfm/history_of_peace_movements/50662*

What makes postcolonial feminism 'postcolonial'?
Le soutien a Radia Nasraoui
http://www.acat.asso.fr/courrier/docs/tunisie_cour228.htm
Hamma Hammami – Chronology of Repression
http://members.chello.at/johannschoen/Hamma.Hammami/chronology.html
Tunisia: Release Hamma Hammami and Imprisoned Colleagues
http://www.hrw.org/press/2002/07/tunis071202.htm
Simone de Beauvoir and Gisèle Halimi, *Djamila Boupacha: The Story of the Torture of a Young Algerian Girl which Shocked Liberal French Opinion*, tr. Peter Green (London: André Deutsch, Weidenfeld, and Nicolson, 1962)
Gisèle Halimi, *Le lait de l'oranger* (Paris: Gallimard, 1988)
Gisèle Halimi, *La cause des femmes* (Paris: Gallimard, 1992)
Gisèle Halimi, *Avocate irrespectueuse* (Paris: Plon, 2002)
www.dalits.org
Phoolan Devi, *I, Phoolan Devi. The Autobiography of India's Bandit Queen* (London: Little, Brown & Co, 1996)

Human Rights Watch, *Caste Discrimination: A Global Concern* (2001)
http://www.hrw.org/reports/2001/globalcaste/
Robert Deliége, *The Untouchables of India* (Oxford: Berg, 1999)

Chapter 6
Che reads The Wretched of the Earth
William Gálvez, *Che in Africa. Che Guevara's Congo Diary*, tr. Mary Todd. (Melbourne: Ocean Press, 1999)
Paco Ignacio Taibo II, *Guevara, also Known as Che*, tr. Martin Roberts (New York: St Martins, Griffin, 1997)
John Anderson, *Che Guevara. A Revolutionary Life* (New York: Bantam Books, 1997)
Ernesto Che Guevara, *Che Guevara Reader: Writings on Guerrilla Strategy, Politics and Revolution*, ed. David Deutschmann (Melbourne: Ocean Press, 1997)
David Macey, *Frantz Fanon. A Life* (London: Granta, 2000)
Présence Africaine 40, 1962
Frantz Fanon, *Toward the African Revolution*, tr. Haakon Chevalier (New York: Monthly Review Press, 1967)

Globalization and starvation
Marshall McLuhan and Quentin Fiore, *War and Peace in the Global Village* (New York: Bantam Books, 1968)
www.mcdonalds.com
Robert J. C. Young, '"Dangerous and Wrong": Shell, Intervention, and the Politics of Transnational Companies', *Interventions: International Journal of Postcolonial Studies* 1: 3 (1999), 439–464
World Bank Reports and Data, *http://www.worldbank.org/*
'Nestle claims £3.7m from famine-hit Ethiopia', *Guardian*, 19 December 2002
Oxfam International, *Mugged. Poverty in your Coffee Cup* (Oxford: Oxfam Publications, 2002)
http://www.oxfamamerica.org/campaigncoffee/art3395.html

Amartya Sen, *Poverty and Famines: An Essay on Entitlement and Deprivation* (Oxford: Clarendon Press, 1981)

Project Underground, *http://www.moles.org/index.html*

Anti-capitalist movements, *http://www.infoshop.org/octo/*

'Unilever Funding', *Financial Times*, 16 October 2001

Fatima Vianna Mello, 'Making the World Bank More Accountable: Activism in South' in NACLA Report on the Americas (May/June 1996)

http://www.hartford-hwp.com/archives/42/047.html

Fairtrade: *www.fairtrade.org.uk*

Chapter 7

Translation – between cultures

Robin Blaser, *Image-Nations 1–12 and The Stadium of the Mirror* (London: Ferry Press, 1974)

Frantz Fanon, *The Wretched of the Earth*, tr. Constance Farrington (London: MacGibbon & Kee, 1965)

Brian Friel, *Translations* (London: Faber, 1981)

Vincent L. Rafael, *Contracting Colonialism: Translation and Christian Conversion in Tagalog Society under early Spanish Rule* (Ithaca: Cornell University Press, 1988)

Paul Carter, *The Road to Botany Bay: An Essay in Spatial History* (London: Faber, 1987)

Édouard Glissant, *Poetics of Relation*, tr. Betsy Wing (Ann Arbor: University of Michigan Press, 1997)

Empowering Fanon

Peter Geismar, *Fanon* (New York: Dial Press, 1971)

Frantz Fanon, *Toward the African Revolution*, tr. Haakon Chevalier (New York: Monthly Review Press, 1967)

Frantz Fanon, *Black Skin, White Masks*, tr. Charles Lam Markmann (London: Pluto, 1986)

Frantz Fanon, *The Wretched of the Earth*, tr. Constance Farrington (London: MacGibbon & Kee, 1965)

扩展阅读

Much information on global social movements is available on the web, but sites change too fast to be worth reproducing at length here. The best way to follow up contemporary developments for any particular issue or campaign discussed in the text is to use a search engine such as Google (*http://www.google.com*).

Introduction

Alejo Carpentier, *Music in Cuba*, ed. Timothy Brennan, tr. Alan West-Durán (Minneapolis: University of Minnesota Press, 2001)

Stephen Foehr, *Waking up in Cuba* (London: Sanctuary Publishing, 2001)

Leela Gandhi, *Postcolonial Theory: A Critical Introduction* (Edinburgh: Edinburgh University Press, 1998)

Augustín Laó-Montes and Arlene Dávila, *Mambo Montage. The Latinization of New York* (New York: Columbia University Press, 2001)

Achille Mbembe, *On the Postcolony* (Berkeley: University of California Press, 2001)

Octavio Paz, *The Labyrinth of Solitude*, tr. Lysander Kemp et al. (New York: Grove Press, 1985)

Robert J. C. Young, *Postcolonialism: An Historical Introduction* (Oxford: Blackwell, 2001)

Film:
Buena Vista Social Club, dir. Wim Wenders (1997)
http://www.pbs.org/buenavista/

Chapter 1
You find yourself a refugee
Avtar Brah, *Cartographies of Diaspora: Contesting Identities* (London:
    Routledge, 1996)
Iain Chambers, *Migrancy, Culture, Identity* (London: Routledge, 1993)
Arthur C. Helton, *The Price of Indifference: Refugees and
    Humanitarian Action in the New Century* (Oxford: Oxford University
    Press, 2002)
Office of the United Nations High Commissioner for Refugees
    (UNHCR), *The State of the World's Refugees, 2000: Fifty Years of
    Humanitarian Action* (Oxford: Oxford University Press, 2000)
Mike Parnwell, *Population Movements and the Third World* (London:
    Routledge, 1993)
Fiction:
Bapsi Sidhwa, *Ice-Candy-Man* (London: Heinemann, 1988)
Gabriel García Márquez, *Strange Pilgrims*, tr. Edith Grossman
    (London: Cape, 1993)
Film:
Dirty Pretty Things, dir. Stephen Frears (2002)
In This World, dir. Michael Winterbottom (2002)

Different kinds of knowledge
Roland Barthes, *Mythologies* (London: Cape, 1972)
Dipesh Chakrabarty, *Provincializing Europe. Postcolonial Thought
    and Historical Difference* (Princeton: Princeton University Press,
    2000)
Bernard Cohn, *Colonialism and its Forms of Knowledge: The British in
    India* (Princeton: Princeton University Press, 1996)
Dharampal, *The Beautiful Tree* (Delhi: Biblia Impex, 1983)
Vinay Lal, *Empire of Knowledge. Culture and Plurality in the Global
    Economy* (London: Pluto Press, 2002)

Jean Langford, *Fluent Bodies: Ayurvedic Remedies for Postcolonial Imbalance* (Durham: Duke University Press, 2002)

Ashis Nandy, *Time Warps: Studies in the Politics of Silent or Evasive Pasts* (London: Hurst, 2001)

Edward W. Said, *Covering Islam: How the Media and the Experts Determine How We See the Rest of the World* (New York: Vintage Books, 1997)

Gayatri Chakravorty Spivak, *A Critique of Postcolonial Reason. Toward a History of the Vanishing Present* (Cambridge, Mass.: Harvard University Press, 1999)

Shiv Visvanathan, *A Carnival for Science: Essays on Science, Technology and Development* (Delhi: Oxford University Press, 1997)

Gauri Viswanathan, *Masks of Conquest: Literary Study and British Rule in India* (London: Faber, 1990)

Fiction:

Italo Calvino, *Invisible Cities*, tr. William Weaver (London: Secker and Warburg, 1974)

Gabriel García Márquez, *One Hundred Years of Solitude*, tr. Gregory Rabassa (London: Cape, 1970)

Richard Rive, *Buckingham Palace, District Six* (London: Heinemann, 1986)

Salman Rushdie, *East, West* (London: Cape, 1994)

The Third World goes tricontinental

Amilcar Cabral, *Return to the Source. Selected Speeches by Amilcar Cabral* (New York: Monthly Review Press with Africa Information Service, 1973)

Paul Cammack, David Pool, and William Tordoff, *Third World Politics: A Comparative Introduction*, 2nd edn. (Basingstoke: Macmillan, 1993)

Arif Dirlik, *The Postcolonial Aura. Third World Criticism in the Age of Global Capitalism* (Boulder, Co.: The Westview Press, 1997)

Alan Thomas et al. (eds.), *Third World Atlas*, 2nd edn. (Milton Keynes: Open University Press, 1994)

Immanuel Wallerstein, *The Modern World System*, 3 vols (New York: Academic Press, 1974–1989)

Richard Wright, *The Color Curtain: A Report on the Bandung Conference*, with a foreword by Gunnar Myrdal, introduction by Amritjit Singh (Jackson: University of Mississippi Press, 1995)

Burning their books
S. Akhtar, *Be Careful with Mohammed! The Salman Rushdie Affair* (London: Bellow, 1989)
Albert Memmi, *The Coloniser and the Colonised*, with an introduction by Jean-Paul Sartre (Boston: Beacon Press, 1967)
Fiction:
Jamaica Kincaid, *A Small Place* (New York: Farrar, Straus and Giroux, 1988)
Poetry:
Aimé Césaire, *Notebook of a Return to My Native Land*, tr. Mireille Rosello with Anne Pritchard (Newcastle upon Tyne: Bloodaxe Books, 1995)

Chapter 2
African and Caribbean revolutionaries in Harlem, 1924
Elleke Boehmer, *Empire, the National, and the Postcolonial, 1890–1920: Resistance in Interaction* (Oxford: Oxford University Press, 2002)
Michel Fabre, *From Harlem to Paris: Black American Writers in France, 1840–1980* (Urbana: University of Illinois Press, 1991)
Paul Gilroy, *The Black Atlantic: Modernity and Double Consciousness* (London: Verso, 1993)
Ulf Hannerz, *Transnational Connections: Culture, People, Places* (London: Routledge, 1996)
C. L. Innes, *A History of Black and Asian Writing in Britain, 1700–2000* (Cambridge: Cambridge University Press, 2002)
C. L. R. James, *The C. L. R. James Reader*, ed. Anne Grimshaw (Oxford: Blackwell, 1992)
Winston James, *Holding Aloft the Banner of Ethiopia. Caribbean Radicalism in Early Twentieth-Century America* (London: Verso, 1998)

Rupert Lewis, *Marcus Garvey: Anti-colonial Champion* (Trenton, N.J.: Africa World Press, 1988)

Autobiography and fiction:

W. E. B. du Bois, *Dark Princess, a Romance* (Millwood, N.Y.: Kraus-Thomson, 1974)

James Weldon Johnson, *The Autobiography of an Ex-colored Man* (London: Penguin, 1990)

George Lamming, *In the Castle of My Skin* (London: Michael Joseph, 1953)

Nella Larsen, *Passing* (New York: Knopf, 1929)

Audre Lorde, *Zami: A New Spelling of My Name* (London: Sheba, 1984)

Claude McKay, *Back to Harlem* (New York: The X Press, 2000)

Bombing Iraq – since 1920

Ranajit Guha and Gayatri Chakravorty Spivak (eds.), *Selected Subaltern Studies* (New York: Oxford University Press, 1988)

Joseph A. Massad, *Colonial Effects. The Making of National Identity in Jordan* (New York: Columbia University Press, 2001)

Scott Ritter and William Rivers Pitt, *War on Iraq* (London: Profile Books, 2002)

Fiction:

J. M. Coetzee, *Waiting for the Barbarians* (London: Secker and Warburg, 1980)

Chapter 3

Landlessness

Sue Branford and Jan Rocha, *Cutting the Wire: The Story of the Landless Movement in Brazil* (London: Latin American Bureau, 2002)

Richard Gott, *Rural Guerrillas in Latin America* (Harmondsworth: Penguin, 1973)

Sol T. Plaatje, *Native Life in South Africa, Before and Since the European War and the Boer Rebellion*, ed. Brian Willan (Harlow: Longman, 1987)

Stree Shakti Sanghatana, *'We Were Making History': Women and the Telengana Uprising* (London: Zed Books, 1989)

Mao Tse-Tung, 'Report on an Investigation of the Peasant Movement in Hunan (1927)', in *Selected Works of Mao Tse-Tung*, vol. I (Peking: Foreign Languages Press, 1965), pp. 23–59

Eric Wolf, *Peasant Wars of the Twentieth Century* (London: Faber and Faber, 1971)

Photography:

Sebastião Salgado, *Terra: Struggle of the Landless* (London: Phaidon, 1997)

Film:

Morte e vida severina, dir. Zelito Viana, written by João Cabral de Melo Neto (1977)

Nomads

Mahasveta Devi, *Dust on the Road: The Activist Writings of Mahasweta Devi,* ed. Maitreya Ghatak (Calcutta: Seagull Books, 1997)

Survival International, *Disinherited: Indians in Brazil* (London: Survival International, 2000)

Fiction:

Alejo Carpentier, *The Lost Steps,* tr. Harriet de Onís (Harmondsworth: Penguin, 1968)

Humans, caught in a cave

Anne McClintock, *Imperial Leather: Race, Gender and Sexuality in the Colonial Contest* (New York: Routledge, 1995)

Fiction:

Ngũgĩ wa Thiong'o, *Weep Not Child* (London: Heinemann, 1964)

Unsettled states: nations and their borders

Joe Cleary, *Literature, Partition and the Nation-state: Culture and Conflict in Ireland, Israel and Palestine* (Cambridge: Cambridge University Press, 2002)

Philip Gourevitch, *We Wish to Inform You that Tomorrow We Will Be Killed With Our Families: Stories From Rwanda* (New York: Farrar, Straus, and Giroux, 1998)

Ghada Karmi, *In Search of Fatima: A Palestinian Memoir* (London: Verso, 2002)

Ian Lustick, *Unsettled States, Disputed Lands: Britain and Ireland, France and Algeria, Israel and the West Bank-Gaza* (Ithaca: Cornell University Press, 1993)

Mahmood Mamdani, *Citizen and Subject: Contemporary Africa and the Legacy of Late Colonialism* (London: James Currey, 1996)

Joe Sacco, *Palestine*, with an introduction by Edward W. Said (London: Cape, 2003)

Edward W. Said, *After the Last Sky*, with photographs by Jean Mohr (London: Faber and Faber, 1986)

Fiction:

Naruddin Farah, *Maps* (London: Pan Books, 1986)

Amitav Ghosh, *The Shadow Lines* (London: Bloomsbury, 1988)

Michael Ondaatje, *Anil's Ghost* (London: Bloomsbury, 2000)

Salman Rushdie, *Midnight's Children* (London: Cape, 1981)

The wall

Néstor Garcia Canclini, *Hybrid Cultures. Strategies for Entering and Leaving Modernity*, tr. Christopher L. Chiappari and Silvia L. López (Minneapolis: University of Minnesota Press, 1995)

Jeremy Harding, *The Uninvited: Refugees at the Rich Man's Gate* (London: Profile, 2000)

Fiction:

Doris Pilkington, *Rabbit Proof Fence* (London: Miramax, 2002)

Chapter 4

Raï and Islamic social space

Homi K. Bhabha, *The Location of Culture* (London: Routledge, 1994)

Françoise Vergès, *Monsters and Revolutionaries. Colonial Family Romance and Métissage* (Durham: Duke University Press, 1999)

Autobiography and fiction:

Assia Djebar, *Algerian White*, tr. David Kelley (New York: Seven Stories Press, 2001)

Assia Djebar, *So Vast the Prison*, tr. Betsy Wing (New York: Seven
  Stories Press, 1999)
The ambivalence of the veil
Malek Alloula, *The Colonial Harem*, tr. Myrna and Wlad Godzich
  (Manchester: Manchester University Press, 1987)
Marcos, *Shadows of Tender Fury: The Letters and Communiqués of
  Subcomandante Marcos and the Zapatista Army of National
  Liberation* (New York: Monthly Review Press, 1995)
Timothy Mitchell, *Colonising Egypt* (Cairo: The American University in
  Cairo Press, 1988)
Gayatri Chakravorty Spivak, 'Can the Subaltern Speak? Speculations on
  Widow Sacrifice', *Wedge* (1985) 7/8: 120–130; revised version in *A
  Critique of Postcolonial Reason*, 266–311
Fiction:
Naguib Mahfouz, *Palace Walk (Cairo Trilogy 1)*, tr. William M.
  Hutchins and Olive E. Kenny (New York: Doubleday, 1990)
Naguib Mahfouz, *Palace of Desire (Cairo Trilogy 2)*, tr. William M.
  Hutchins et al. (New York: Doubleday, 1991)
Naguib Mahfouz, *Sugar Street (Cairo Trilogy 3)*, tr. William M.
  Hutchins and Angele Botros Samaan (New York: Doubleday,
  1993)

Chapter 5

Gendering politics in India
Lila Abu-Lughod, *Remaking Women. Feminism and Identity in the
  Middle East* (Princeton: Princeton University Press, 1998)
Tani E. Barlow, *Formations of Colonial Modernity in East Asia*
  (Durham: Duke University Press, 1997)
Miranda Davies (ed.), *Third World, Second Sex: Women's Struggles and
  National Liberation* (London: Zed Books, 1983)
Denise Kandiyoti (ed.), *Women, Islam and the State* (Basingstoke:
  Macmillan, 1991)
Ashis Nandy, *Intimate Enemy: Loss and Recovery of Self Under
  Colonialism* (Delhi: Oxford University Press, 1983)
Gail Omvedt, *Reinventing Revolution: New Social Movements and*

the *Socialist Tradition in India* (Armonk, N.Y.: M.E. Sharpe, 1993)

Sita Ranchod-Nilsson and Mary Ann Tétreault (eds.), *Women, States, and Nationalism: At Home in the Nation?* (London: Routledge, 2000)

Sangeeta Ray, *En-gendering India: Woman and Nation in Colonial and Postcolonial Narratives* (Durham: Duke University Press, 2000)

Autobiography:

Sara Suleri, *Meatless Days* (London: Collins, 1990)

Film:

Kandahar, dir. Mohsen Makhmalbaf (2001)

Feminism and ecology

Rajni Bakshi, *Bapu Kuti: Journeys in Rediscovery of Gandhi* (New Delhi: Penguin Books India, 1998)

Mary Mellor, *Feminism and Ecology* (Cambridge: Polity Press, 1997)

Rosemary Radford Ruether (ed.), *Women Healing Earth: Third World Women on Ecology, Feminism, and Religion* (London: Orbis Books, 1996)

Haripriya Rangan, *Of Myths and Movements: Rewriting Chipko into Himalayan History* (London: Verso, 2000)

Vandana Shiva, in association with J. Bandyopadhyay et al., *Ecology and the Politics of Survival: Conflicts over Natural Resources in India* (New Delhi: Sage, 1991)

Thomas Weber, *Hugging the Trees: The Story of the Chipko Movement* (New Delhi: Viking, 1988)

Fiction:

Suniti Namjoshi, *The Blue Donkey Fables* (London: Women's Press, 1988)

What makes postcolonial feminism 'postcolonial'?

Leila Ahmed, *Women and Gender in Islam: Historical Roots of a Modern Debate* (New Haven: Yale University Press, 1992)

Robin Cohen and Shirin M. Rai, *Global Social Movements* (London: The Athlone Press, 2000)

Mrinalini Sinha, Donna Guy, and Angela Woollacott, *Feminisms and Internationalisms* (Oxford: Blackwell, 1999)

Gail Omvedt, *Dalit Visions: The Anti-caste Movement and the Construction of an Indian Identity* (Hyderabad: Orient Longman, 1995)

Chandra Talpade Mohanty, Ann Russo, and Lourdes Torres (eds.), *Third World Women and the Politics of Feminism* (Bloomington: Indiana University Press, 1991)

Rajeswari Sunder Rajan, *Real and Imagined Women. Gender, Culture, Postcolonialism* (London: Routledge, 1993)

Sheila Rowbotham and Swasti Mitter (eds.), *Dignity and Daily Bread: New Forms of Economic Organising among Poor Women in the Third World and the First* (London: Routledge, 1994)

Gayatri Chakravorty Spivak, *In Other Worlds: Essays in Cultural Politics* (New York: Methuen, 1987)

Gayatri Chakravorty Spivak, *The Post-Colonial Critic: Essays, Strategies, Dialogues*, ed. Sarah Harasym (New York: Routledge, 1990)

Autobiography and fiction:

Assia Djebar, *Women of Algiers in their Apartment*, tr. Marjolijn de Jager (Charlottesville: University of Virginia Press, 1993)

Rigoberta Menchú, *I, Rigoberta Menchú: An Indian Woman in Guatemala*, ed. Elisabeth Burgos-Debray, tr. Ann Wright (London: Verso, 1984)

Vasant Moon, *Growing up Untouchable in India: A Dalit Autobiography*, tr. Gail Omvedt (Oxford: Rowman and Littlefield, 2001)

Nawal el Sa'adawi, *Memoirs from the Women's Prison* (London: The Women's Press, 1986)

Film:

Bandit Queen, dir. Shekhar Kapoor (1994)

Chapter 6

Che reads The Wretched of the Earth

Ernesto Che Guevara, *The Motorcycle Diaries: A Journey Around South America*, tr. Ann Wright (London: Verso, 1995)

Ernesto Che Guevara, *Bolivian Diary*, introduction by Fidel Castro, tr. Carlos P. Hansen and Andrew Sinclair (London: Cape, 1968)

John Pilger, *The New Rulers of the World* (London: Verso, 2002)

Fiction:

Ama Ata Aidoo, *Our Sister Killjoy: Or Reflections from a Black-eyed Squint* (Harlow: Longman, 1977)

Globalization and starvation

Stanley Aronowitz and Heather Gautney, *Implicating Empire. Globalization and Resistance in the 21st Century* (New York: Basic Books, 2003)

Michael Hardt and Antonio Negri, *Empire* (Cambridge, Mass.: Harvard University Press, 2000)

Anthony D. King (ed.), *Culture, Globalization and the World System: Contemporary Conditions for the Representation of Identity* (Basingstoke: Macmillan, 1991)

Naomi Klein, *Fences and Windows: Dispatches from the Frontlines of the Globalization Debate* (London: Flamingo, 2002)

John Madeley, *Big Business, Poor Peoples. The Impact of Transnational Corporations on the World's Poor* (London: Zed Books, 1999)

P. Sainath, *Everybody Loves a Good Drought: Stories from India's Poorest Districts* (London: Review, 1998)

Ken Saro-Wiwa, *Genocide in Nigeria. The Ogoni Tragedy* (London, Lagos, and Port Harcourt: Saros International Publishers, 1992)

Kavaljit Singh, *The Globalisation of Finance: A Citizen's Guide* (London: Zed Books, 1999)

Autobiography and fiction:

Pico Iyer, *Video Night in Kathmandu: And Other Reports from the Not-so-far East* (London: Bloomsbury, 1988)

Salman Rushdie, *Fury: A Novel* (London: Cape, 2001)

Ken Saro-Wiwa, *A Month and a Day. A Detention Diary* (London: Penguin Books, 1995)

Film:

Pather Panchali, dir. Satyajit Ray (1955)

Chapter 7

Translation – between cultures

Susan Bassnett and Harish Trivedi, *Post-Colonial Translation: Theory and Practice* (London: Routledge, 1999)

Homi Bhabha, *The Location of Culture* (London: Routledge, 1994)

Timothy Brennan, *Salman Rushdie and the Third World: Myths of the Nation* (London: Macmillan, 1989)

Fernando Ortiz, *Cuban Counterpoint: Tobacco and Sugar*, tr. Harriet de Onís (Durham, N.C.: Duke University Press, 1995)

Fiction:

Leila Aboulela, *The Translator* (London: Polygon, 1999)

Jhumpa Lahiri, *Interpreter of Maladies: Stories* (London: Flamingo, 1999)

Empowering Fanon

Paulo Freire, *Pedagogy of the Oppressed*, tr. Myra Bergman Ramos (Harmondsworth: Penguin, 1972)

Fiction:

Keri Hulme, *The Bone People* (London: Spiral, 1985)

Tayeb Salih, *Season of Migration to the North*, tr. Denys Johnson-Davies (Oxford: Heinemann, 1969)